# ゴルフの品格

## 月イチプレーヤーでもシングルになれる100の方法

神田恵介



GENTOSHA
幻冬舎

# はじめに

ゴルフ人口が多くなるにつれ周りを見回すと、色々のゴルフスタイルが見られます。黙々とプレーに専念する人、打つたびに奇声を上げる人、自分の失敗を棚に上げキャディーさんに当たり散らす人、後続組のことなど一切気にしないスロープレーヤーなど。

ゴルフには、品格が必要です。

ゴルフは、ただボールを打って穴に入れさえすれば、どんな格好で何をしてもよく、自分だけ楽しめればよいという単なる遊びではないのです。英国スコットランド生まれで、歴史と伝統と礼節を重んじる品格のある紳士淑女のスポーツなのです。

ゴルフの精神は自然との共生を尊び、質素（基本）を重んじ、惻隠の情を持った伝統ある日本の思想とも合致しています。大自然を相手に技術的にも戦略的にも精神的にも奥が深く、ゴルフ特有のマナーもあればエチケットもあります。もちろん、自己に対して厳格なルールもあります。
また、ゴルフのプレーでは1打1打の結果に一喜一憂するメンタルな一面もあります。運不運もあり、それによってゲームの流れが変わるときもあります。自分の意に反する出来事が起きたからといって、その都度、冷静さを失っていたのでは品格あるゴルファーとは言えません。

ゴルフとは何か？　ゴルフとはどういうスポーツなのか？　ゴルフの技術とは？　ゴルフにおけるマナー、エチケットとは何なのか？　これを極めなくてはいけません。歴史と伝統と礼節を重んじる優雅なスポーツとしてのゴルフをしっかり勉強して、コースに出てもらいたいものです。
ゴルフの本当の楽しみが分からない人には、ゴルフをする資格はありません。この本を読んで技術の向上はもちろん、本当のゴルフの楽しみ方、ゴルフの品格を知っていただくことを期待します。

いろいろ書いていくうちにゴルフ随想から技術論、ボールの飛行理論、マナー・エチケット、ゴルフ心理・精神論、仕事とゴルフに至るまでオールラウンドのゴルフ論となりました。この本には、上手になれるヒントがたくさん隠されています。よく「読んだがちっとも上手くならない」と言う人がいます。そんな時私は「1回でなく5回読んでください」と言っています。1回目にヒラメいたヒントとは別に、2回目、3回目と読むにつれ、また別のさらに上のヒラメキが生まれます。ヒラメキが多ければ多いほど上手になれます。そしてその枠に達すればゴルフの品格も見いだせます。それがこの本の隠された魅力です。どこから読んでも何から読んでも一話完結型となっています。

書き終えて1冊の本にまとめる時、「ゴルフの品格」という大それたお題目を、お叱りを受けるのを承知の上で付けさせていただきました。「品格」という言葉は、ゴルフに最もふさわしい言葉ではないかと思います。

読んでいるうちに本当に品格あるゴルフが身に付くかどうかは、読む人の努力次第として、ゴルフとは何か、ゴルフの本質、ゴルフの楽しみ方を感じ取っていただけたら幸いです。それが品格あるゴルフにつながるものと確信しています。

皆さんも背筋をピンと伸ばし、大いに品格あるゴルフを楽しんでいただきたいと思います。

この本を刊行するにあたり、賀茂カントリークラブキャプテン佐藤利雄氏（元ＪＧＡ競技委員）には、ゴルフルールなどいろいろのアドバイスをいただき、おかげでどこに出しても恥ずかしくないゴルフの品格本ができ上がりました。また、ゴルフ評論家の戸張捷氏、アマチュアゴルフ第一人者の阪田哲男氏からも激励をいただきました。

ゴルフの品格がこれからもますます話題となり、品格あるゴルフが盛んになることを期待しています。

がんばれ！　月イチゴルフの品格。

ゴルフの品格　月イチプレーヤーでもシングルになれる100の方法

目次

## 第三章 技の品格 49

## 第四章 練習の品格 89

## 第五章 粋への品格 111

第六章　あるがままの品格　135



第七章　プレーの品格　159

図版　井上聡司
イラスト　杉山真理

# 第一章　飛びの品格

## 1　理屈を知らなきゃゴルフは上達しない

### 頭をいかに使って…の極意

ゴルフボールの飛んで行く先は「打ってみないと分からない」「ゴルフボールに聞いてくれ」と言う人も多いのではないかと思います。「ミギィ！　曲がれ！」と身をよじりながらボールに大声で命令している人もいます。

不思議とそのボールは打った人の言うことを聞いてフェアウエーに出てきたりすることがあります。そういう人は別にボールに命令したから神通力によって戻ってきたのではなく、ボールが曲がる打ち方をしているのです。

**飛球法則**

ゴルフボールにはボールの飛ぶ「飛球法則」というものがあります。この法則を知ってゴルフをしている人と、知らない人とでは、楽しみ方も上達の仕方・速さも違います。いくら一生懸命上手になろうと猛練習をしても間違った練習をしていては、いつまでたっても上手になれません。皆さんが上達を願うのなら、「ゴルフボールはどういう理屈で飛んで行くのか」という「ゴルフの理屈・理論」を知って練習することが大切です。

## サラリーマンとゴルフ

サラリーマンにはサラリーマンのゴルフがあります。サラリーマンは、頭を使うのが商売です。その武器を使ってゴルフの知識を増やして練習すれば、ゴルフはすぐに上達できます。仕事とゴルフは、状況判断、段取り、決断、危機管理、やる気など共通していることが多いものです。相対的にサラリーマンでゴルフが上手な人は、行動力もあり仕事もバリバリできると言われています。

## ゴルフは頭で勝負

この本では、月イチゴルファーが、少ない時間で効率的に早く上手になるために「いかに頭を使ってゴルフをするか」の極意を伝授します。

まず、「ゴルフボールはなぜ飛ぶのか」「なぜ曲がるのか」「下手な練習はしない方がいい」などなど、読んでいるうちに自然にゴルフの品格が身に付くように書かれています。

この本を読んで、あなたのゴルフ人生を大いに楽しいものにしてください。

## 2　ゴルフボールはなぜ飛ぶのか

### 物理的法則を十分頭に入れて

**練習の仕方**

アマチュアゴルファーは誰でも「早く上達したい」「できるだけ遠くに飛ばしたい」と願っています。

ゴルフの上達のためには、1に練習、2に練習です。しかし、やみくもに我流で練習してもゴルフというスポーツは決して上達しないのは、皆さんの経験からお分かりのことと思います。「俺は一生懸命、時間のある限り練習したが一向に上手にならない。しかし、あいつはスイスイと上手になって俺より飛ぶ」と、悔しい思いをされた方も多いのではないでしょうか。

それはあなたの練習の仕方が間違っているからです。ゴルフというスポーツをよく理解して練習すれば、必ず上手になれるものです。これは何事にも通じることかもしれません。

ゴルフボールというのは、自然界の条件を同一とすれば、単純に物理的法則に従って飛んで行きます。

打たれたゴルフボールは「打たれた時のインパクトの状態」によって、右へ飛んだり、左へ飛んだり、曲がったりするものなのです。そこに法則が生まれてきます。

**ゴルフボール飛球法則**

ゴルフボールを飛ばす時のクラブヘッドがボールに当たる瞬間（インパクト）には、次の5つのことがあります。

「クラブヘッドのスピード」（法則Ⅰ）
「打点の正確さ」（法則Ⅱ）
「クラブヘッドの軌道」（法則Ⅲ）
「フェイスの向き」（法則Ⅳ）
「打ち込み角度」（法則Ⅴ）

これを「ゴルフボール飛球法則」と言います。

この5つの法則を頭に叩き込んで練習をし、コースに出ると、理論の上ではシングル間違いなしです。

理論のないところに上達はあり得ません。無意味な練習はしない方がましです。この5つの法則をしっかり理解してください。ゴルフは頭で勝負するものです。

## 3　ヘッドスピードが速いだけ飛ぶ〈飛球法則Ⅰ〉

### 腕の振りでなくヘッドの速さ

**ヘッドスピード**

クラブヘッドのインパクトの瞬間の速度と、それにともなったボールの打ち出される初速が、ボールの飛ぶ飛距離に影響します。

クラブヘッドのスピードとボールの速度との関係は、運動量保存の法則とボールの反発係数から計算され、簡単に言うと、ヘッドスピードが2倍になるとボールの初速も2倍になります。難しい物理の数式がありますが、ここでは省略します。

**グリップを支点に振り子のように**

ヘッドスピードを速くするには、腕を速く振るのではなく、ゴルフクラブのヘッドを速くすることです。ヘッドを速くするためには、クラブを振る時の力の入れ方、入れ具合、振り方をどうするかです。

まず、左腕だけをしっかり意識し、真っ直ぐに伸ばして構えます。グリップは同じく左手の小指、薬指、中指の3本でしっかり握り、その他の指は軽く添えるだけにします。肩や右腕などその他のところはリラックスさせます。そして、腕とゴルフクラブの接点であるグリップを支点にして、振り子のように振ります。

## 二重振り子

腕の動きは左腕リードで、脇の下をしっかり締めながら振り下ろします。当たる直前(体の正面にグリップがきたとき)に腕の動きは止め（実際には動きますが、そのような気持ち)、右肩を前に出さず、後方（右）に残すようにし、グリップを支点にクラブヘッドだけを先行させます。腕の振りとシャフトの振りとで、二重に振り子ができるということです。

これはヘッドスピードを速くするスイングメカニズムのひとつです。

とにかく「腕の振りの速い遅い」でなく、「クラブヘッドの速い遅い」が距離に関係するということです。

## 4　芯に当たれば飛ぶ〈飛球法則Ⅱ〉

# スイートスポットに当てて打つ

### 打点の正確さ

道具には必ず重心があり、何事もこの重心で仕事をすることが求められます。ゴルフクラブにも重心があります。この重心にボールが当たると、ボールは勢いよく飛んでくれます。重心を外すと、ボールはあまり飛んでくれません。重心にどれだけ正確に当てるかということがボールの飛距離に影響を及ぼすことになります。

重心は、ゴルフ用語では「スイートスポット（芯）」と言っています。このスイートスポットでボールを打った時は、手に伝わるショックが少ないものです。

### 芯を喰う

ボールを打った時、手に感じることもないのに、ボールは真っ直ぐに驚くほどよく飛んだという経験があると思います。スイートスポットに当たった場合は、運動エネルギーがすべてボールに伝わって手に感じることがないのです。「芯を喰う」というのはこのことです。

## スイートスポットの見つけ方

クラブヘッドのスイートスポットがどの辺りにあるのかの見つけ方は、左手でクラブを地面に平行にして持ち、ヘッドのフェイスを上にして、右手でボールを持ちフェイスを適当にコツンコツンと叩くと、左手に振動が伝わってこない一点があります。ここがスイートスポットです。このスイートスポットでいつも打つように心掛けると、ボールは飛びます。

とは言っても、フェイスはクラブの先端にあるので、意識してスイートスポットに当てることは大変難しい技術を必要とします。

## 「音と感じ」を覚える

何回もボールを打って、手（グリップ）に感じる衝撃が少ない、「あっ芯を喰ったな」という感覚を身に付けていくしかありません。

また、芯を喰った時の音も違います。プロのインパクトの音を聞くと「ブチュ」というような鈍い音がします。スイートスポットに当たったときの「音と感じ」をよく覚えておきましょう。

## 5　振った方向にボールは飛ぶ〈飛球法則Ⅲ〉

# 打球の飛ぶ方向は正直なもの

### クラブヘッドの軌道

ゴルフではクラブという道具を使って、それを上手に上から下に円運動をさせながら、止まっているボールを叩いて飛ばします。「何だ、止まっているボールを叩くのなんか簡単じゃあないか」と言う人もいるかもしれませんが、そうは問屋が卸しません。止まっているから力が入り、難しいのです。また、ボールはいつも一定の方向に飛んでくれるとは限りません。右に左に、時にはコース外（OB）の方向に向かって行きます。ボールの行く先は、ボールと目標を結んだ線（ターゲットライン）に対してゴルフクラブが、どのように振られるかによって決まります。

### 3つの軌道

ボールはターゲットラインにありますが、そこをクラブヘッドがどのような軌道で通過するかにより飛び出す方向が決まります。この軌道には、大まかに言って3つあります。まず、①

ゴルフクラブのヘッドが打つ人の内側（イン）から入ってボールに当たり、そしてまた内側（イン）に戻る場合、②内側（イン）から入りそのまま外側（アウト）に向かう場合、③外側（アウト）から入ってそのまま内側（イン）に向かう場合です。

①をインサイドイン（スクエア打法）と言い、正しく目標に向かってボールは真っ直ぐ飛び出して行きます。

②をインサイドアウト（押し出し＝プッシュ）と言い、ボールは右に飛び出します。

③をアウトサイドイン（ひっかけ）と言い、ボールは左に飛び出します。

ボールが飛び出して行く方向は正直なもので、ゴルフクラブが振られる方向に飛んで行くのです。

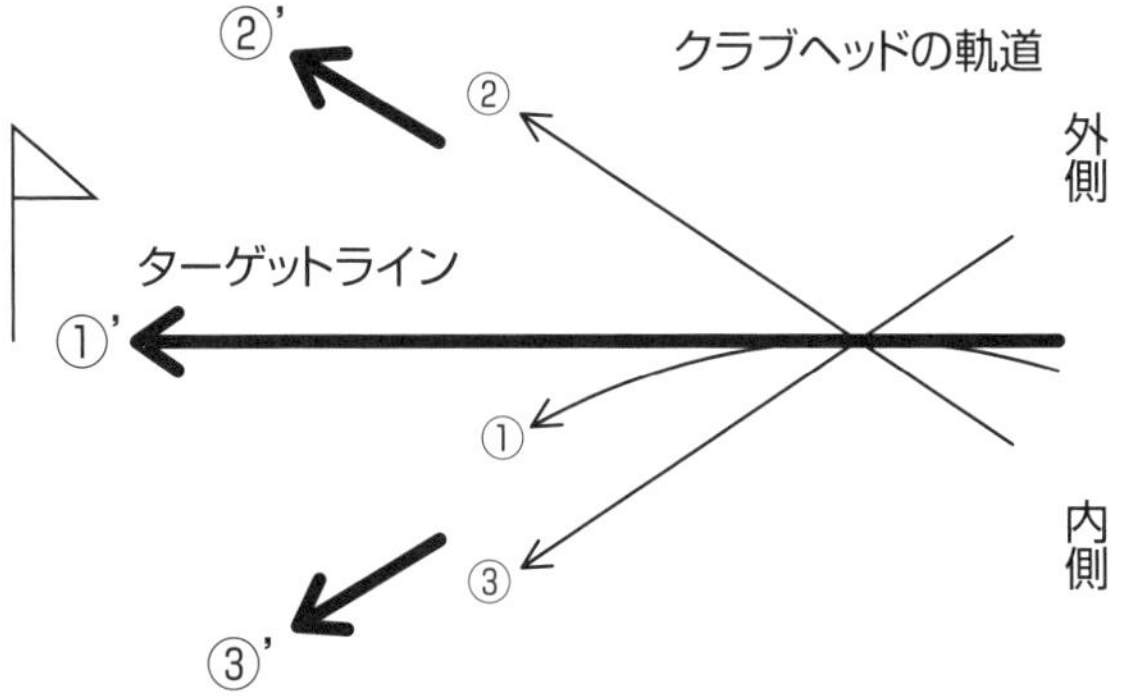


①の場合は真っ直ぐ目標①'に向かって飛んで行きます。
②の場合は右②'に飛んで行きます。
③の場合は左③'に飛んで行きます。

## 6　フェイスが真っ直ぐ当たれば真っ直ぐ飛ぶ〈飛球法則Ⅳ〉

# その瞬間は何千分の一秒の世界

### クラブフェイスの向き

ゴルフボールが飛んで行く方向は、クラブヘッドを振る方向によると話しましたが、このとき、もうひとつ重要なことがあります。

それは「ボールに当たる瞬間のクラブフェイスの向き」です。このクラブフェイスの向きによって、ボールの曲がり方が決まります。

クラブフェイスが開いたままボールに当たると、ボールに右回転がかかり、ボールは右に曲がります。また、クラブフェイスがかぶっていると、ボールには左回転がかかり、ボールは左に曲がります。

なぜボールが回転すると曲がるのかは、別の機会に詳しく説明します。

ここでは、クラブがボールに当たるインパクトの瞬間のフェイスの向きにより、ボールの曲がり方が決まるということを知ってください。

## 振る方向に90度が一番よく飛ぶ

クラブを振る方向にフェイスが90度になっていれば、真っ直ぐに飛び出します。

インパクトの瞬間というのは、何千分の一秒の世界であり、それを人間の技でコントロールするのですから大変なことです。

毎回、微妙に違うのが普通のアマチュアです。これが毎回変わらずに打てるようになると、もうプロに近いシングルということになります。

インパクトの時のグリップ、フェイスの向きの意識が大切です。

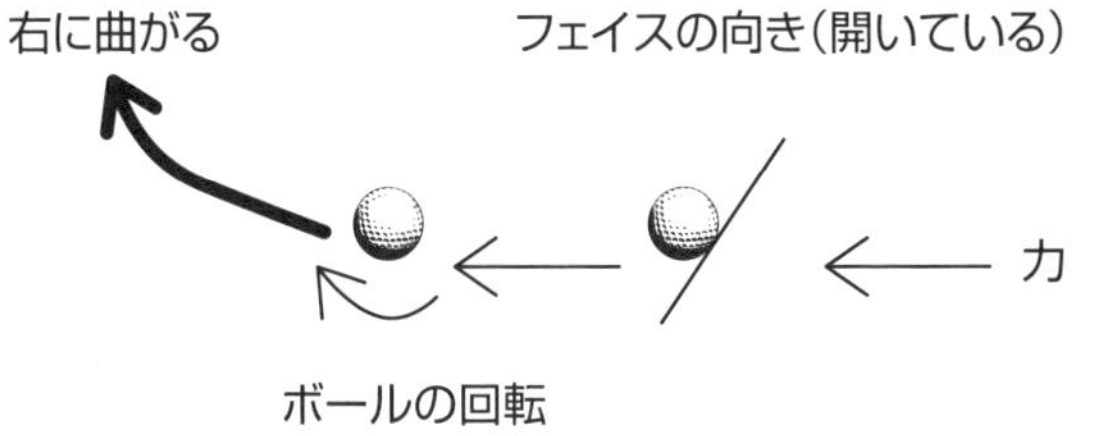


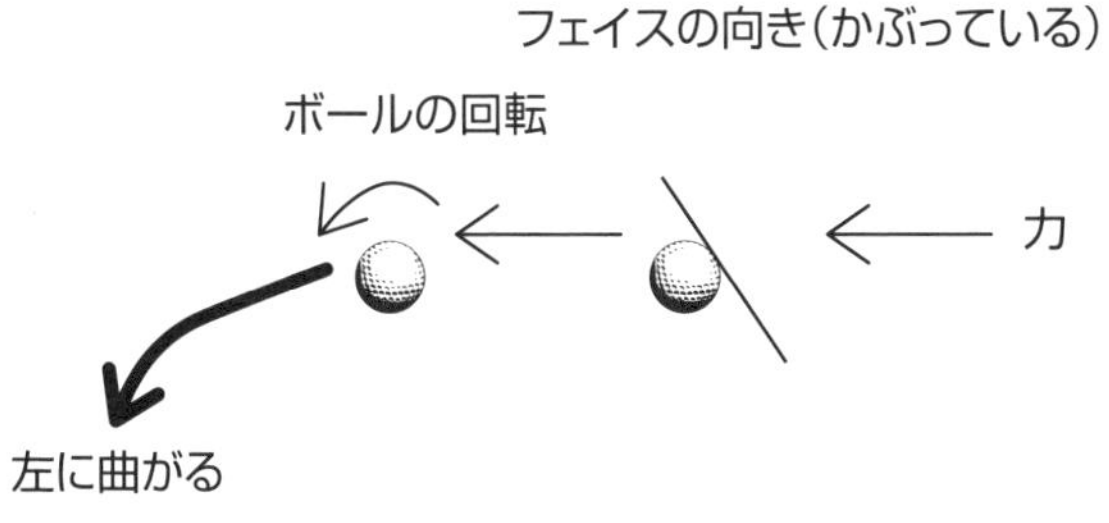

## 7　打ち込む角度が正しければボールは上がる〈飛球法則Ⅴ〉

### 打ち込み角度が弾道の高低を決定

**打ち込み角度**

ゴルフボールは、ゴロで転がるよりも空中を飛んだ（キャリー）方が遠くに飛びます。上から下に向かって打てば低く、下から上に向かって打てば上に打ち出されます。

しかし、ゴルフクラブのヘッドには「ロフト」という角度（フェイス角度）が付いており、正しく打てばこのロフトによって、上に向かって打たなくてもボールは自然に上がるように作られています。

つまり、地面に対してのクラブの打ち込みの角度が、ロフトとの相乗効果によりボールの高低を決定するのです。

一般的に物を遠くに投げるには、45度の角度に放物線を描きながら飛んで行くのが、物理的には一番だと言われています。しかし、ゴルフのプレーでは低く打たなければならない時もありますし、大きく高く上げなければならない時もあります。

## ロフトを上手に使う

ゴルフボールは、クラブの打ち込みの角度が急で上から入った場合は、出だしは低くなりますが、ボールの縦回転（手前回転）が多くなり、ググッと途中から上に舞い上がります。プロのボールが、打ち出しの初めは地をはうように低く飛んで行き、だんだんグググッと上がって、ストンと落ちて止まるのを見たことがあると思います。

また、打ち込み角度が少ない場合はその回転も少なく、吹き上がりも少なくなるのが一般的です。

打ち込む角度については、上からつぶすように打つ「ダウンブロー」と、下から打ち上げるように打つ「アッパーブロー」がありますが、それぞれ有効な打ち方です。

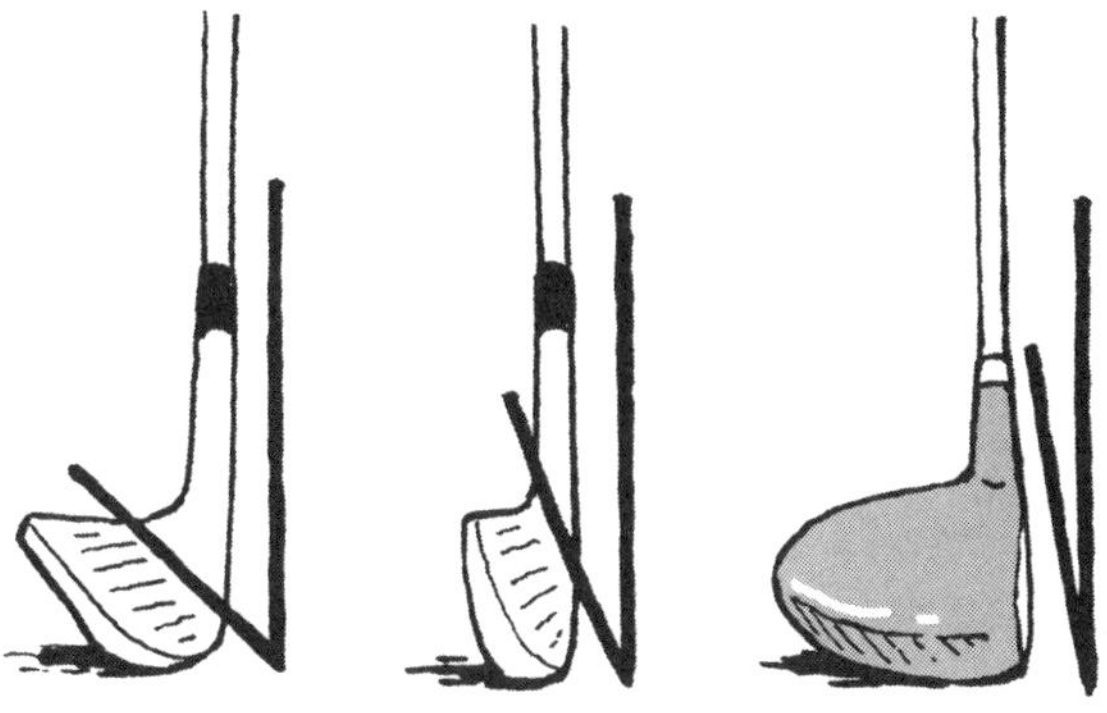

サンドウエッジ　　３番アイアン　　ドライバー

## 8　クラブにはそのクラブの飛距離がある

### どのクラブでも同じスイングで

**クラブに仕事をさせる**

最近は飛距離を出すために、ボールに縦回転をかけないような打ち方がはやっています。打ち込み角度を少なくし、回転がかからないように打てば、ボールはそのまま棒球のように飛んで行き、落ちてからもコロコロとよく転がりますので、飛距離が稼げるということです。逆に、上からつぶし打ちのように打ち込み角度を急にして打つとボールに回転が多くかかり吹き上がりますので、飛距離は落ちます。

このように打ち込み角度により、ボールの飛び出す高低が決まり、それに伴い飛距離も決まります。

この打ち込み角度を打つたびに変えていたのでは、飛び方が毎回違うことになりますので、できるだけ一定して打つようにしたいものです。一定に打つ方がゴルフもやさしくなります。仕事はクラブにやらせればいいのです。そのためにロフトという機能が付けてあるのです。

## 上手な人ほど打ち込み角度は一定

ゴルフクラブのフェイスには、クラブごとに違ったロフトが付いており、どのクラブでも普通に打っていれば、ボールはその機能から、クラブ別に正しい高さに自然に上がってくれるようになっています。

絶えず同じ打ち込み角度で打つのが、クラブごとの正しい高さ、正しい距離を出す打ち方なのです。上手な人ほどこれが一定になっており、クラブごとの飛距離が正確です。

「ドライバーはアッパーブロー、アイアンはダウンブロー」とよく言われますが、アッパーブローは、下から上へ向かって打つ打ち方で、ボールに縦回転が少なくランも出ます。ダウンブローは、打ち込み角度が鋭角でボールの回転が強いため落ちたらすぐ止まります。

ゴルフボールの飛ぶ弾道

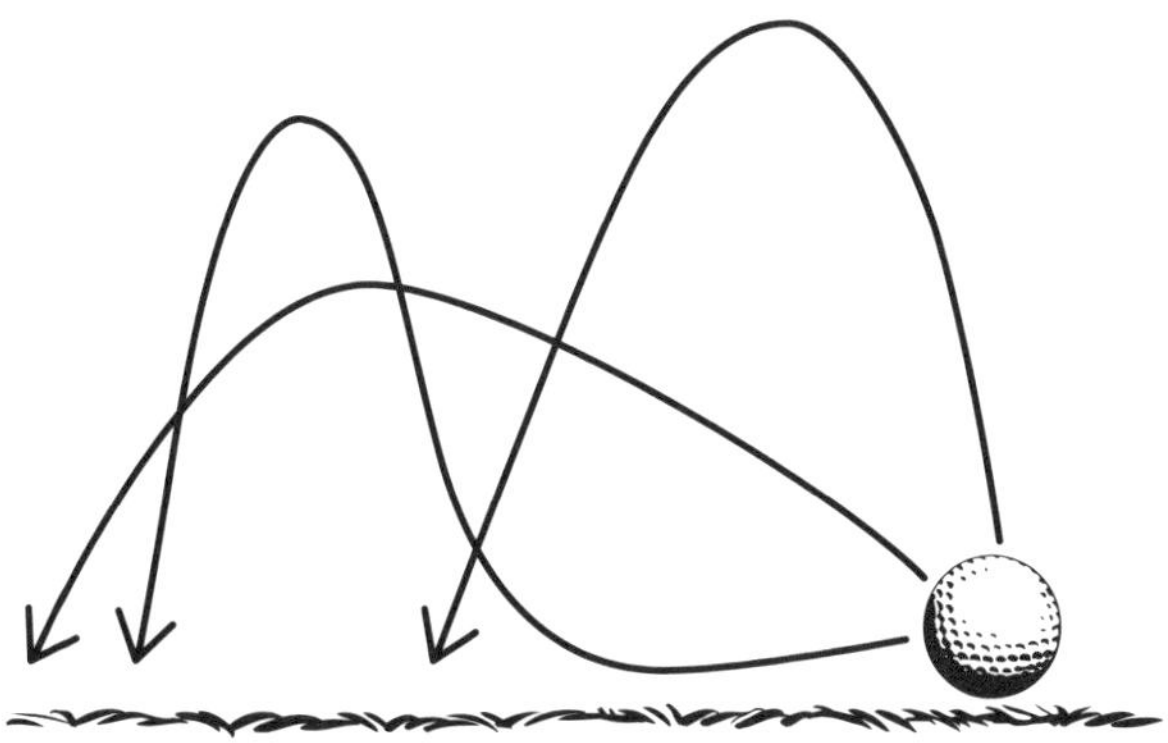

# 第二章　曲がりの品格

## 9　ゴルフボールはなぜ曲がるのか

## マグナス効果により曲がる！

### ボールが曲がる理由

これまで「ボールに回転がついたら曲がります」と言ってきましたが、では、なぜボールは回転したら曲がるのでしょうか。

皆さんは、ゴルフボールというのは、右に曲がったり左に曲がったり「手に負えないな」と思われた経験もあると思います。ゴルフボールの曲がる理屈を考えてみましょう。

ボールが飛んで前に進んでいる時は、前（進行方向）から空気の圧力がかかります。この時、ボールに回転がないと、ボールの右側と左側の空気の流れは同じですので、ボールの左右は同じ圧力となり、ボールは真っ直ぐに飛びます。

### 圧力の少ない方に曲がる

しかし、ボールに回転があると、ボールの周囲の空気は、回転により右側と左側の流れに違いが出ます。これにより当然にボールの右側と左側の圧力が違ってきます。

この場合、ボールは圧力の少ない方に曲がります。この現象を物理用語で「マグナス効果により曲がる」と言います。

マグナス効果とは、「物体の周囲の圧力に差があると、物体は圧力の高い方から低い方へと移動する」ことを言います。

この現象はいろいろなところで見られます。

## 飛行機は翼の上がこんもりしているから落ちない

飛行機が鉄の塊なのに、空に舞い上がる原理にこの効果が使われています。飛行機の翼は、上側は少しこんもりと盛り上がった流線型となっていますが、下側は真っ直ぐ平らになっています。今度飛行機に乗ったら、よく観察して見てください。つまり、上の方は下に比べ空気の流れが速くなりますので、空気圧は少なくなり（浮力がつき）上昇することになるのです。

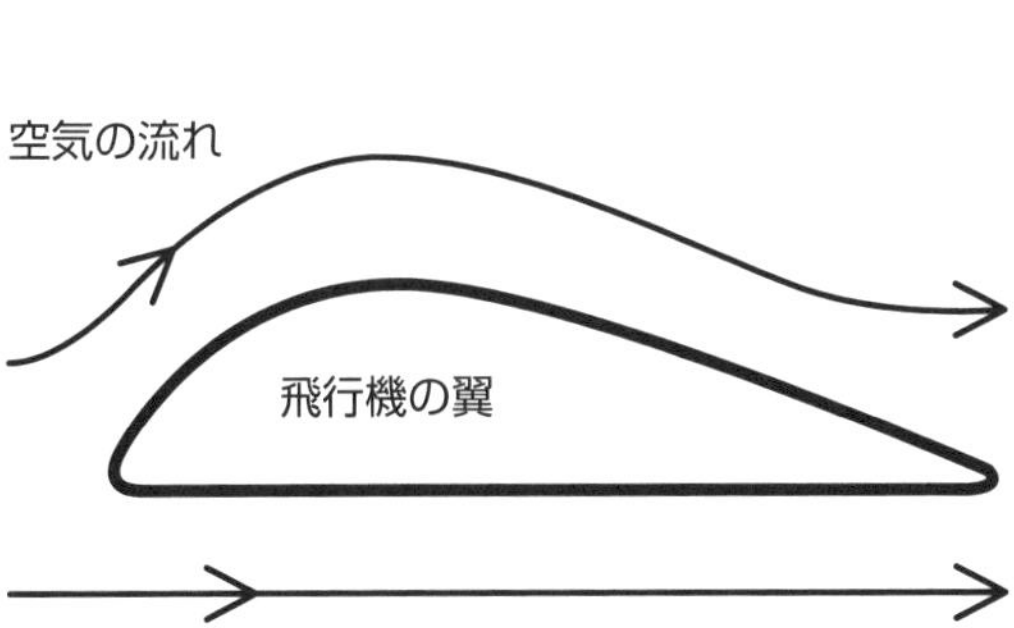

## 10　ボールは回転するから曲がる

# 空に舞い上がる飛行機と同じ

### ボールは回転する方に曲がる

第9話ではボールが回転すると、ボールの右側の圧力と左側の圧力が違うことになり、ボールはマグナス効果で曲がるのだという話をしました。

ゴルフボールが回転しながら飛んでいる時の周囲の空気の圧力の状況を、図で表現してみましょう。

左ページの図を見てください。ボールが右回転しながら進行すると、ボールの右側では、ボールに付着している空気（v）とボールに向かう空気（V）は同じ方向となりますので、ボールの右側の空気の流速は（V+v）となり、スムーズに空気が下流に流れ、ボールに対する圧力は低くなります。また、ボールの左側では、ボールに付着している空気（v）とボールに向かう空気（V）がぶつかり合い、ボールの左側の空気の流速は（V-v）となり、よどみができますので、ボールに対する圧力は高くなります。

このためボールの進行方向右側と左側の圧力には差ができます。そしてボールは右方向（圧力の高い方㊧から圧力の低い方㊨）に曲がりながら飛んで行きます。

## ボールを曲げて楽しむ

ボールの回転の仕方には、一般には右回転、左回転、また、進行方向から手前に向かっても回転があります。もちろん、斜めもあるでしょう。

この理屈が理解できると、意識的にボールに回転を与えてやることにより、左へ曲げたり、右に曲げたりすることができます。これを、「インテンショナルフック」「インテンショナルスライス」と言います。

意識的にボールに回転を与え、曲がりを上手に活用してゴルフを楽しみましょう。

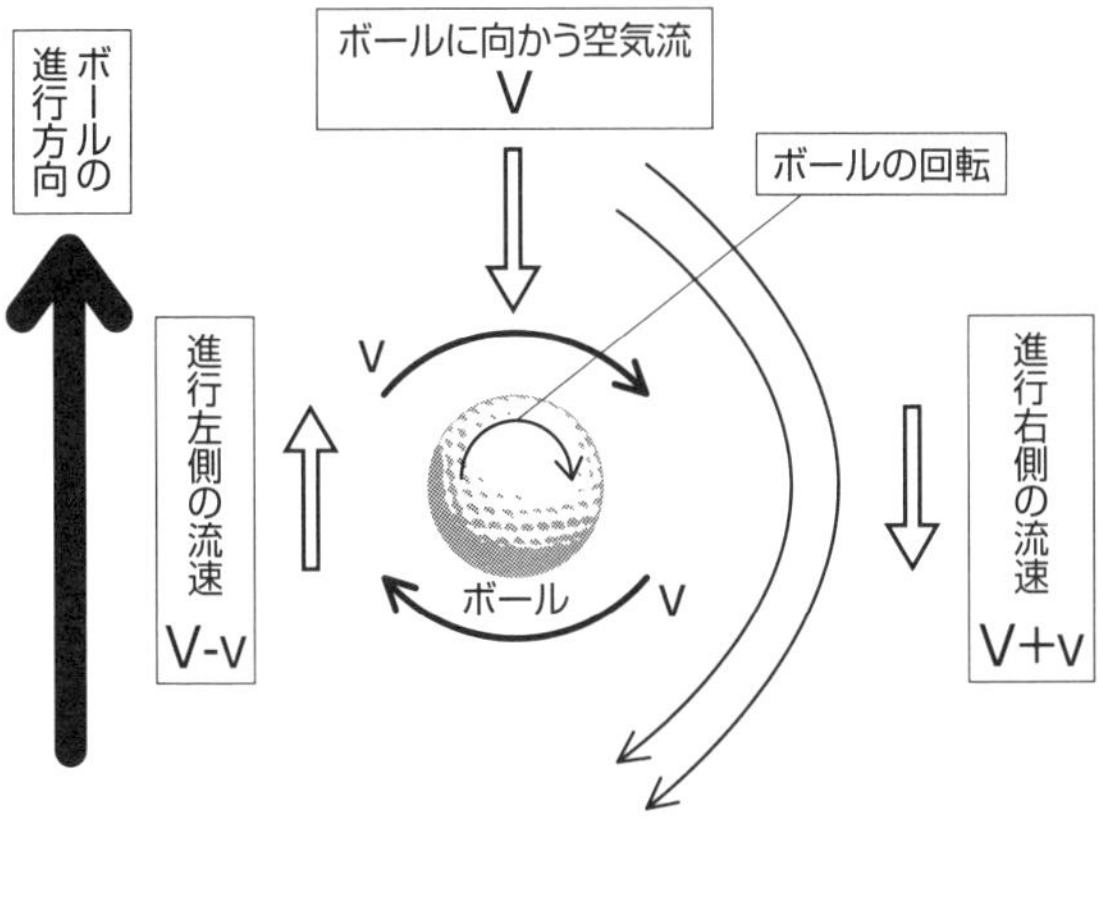

## 11　打ち出しは振った方向に

### クラブの振り方と飛び方

これまでの説明で、「ゴルフボール飛球法則」と「曲がる理屈」を理解されたと思います。次はこれらの組み合わせによるゴルフボールの飛び方（方向・曲がり）を見てみましょう。

**ゴルフボールはクラブを振った方向に打ち出される**

ゴルフボール飛球法則（Ⅲ）で述べましたが、ゴルフボールは、クラブを振った方向に飛び出します。

まず、ゴルフボールを打とうとすると、目標（ターゲット）に対して構えますが、ゴルフクラブが真っ直ぐ目標に向かって正しく振れれば、ボールは真っ直ぐ目標に向かって飛んで行きます。目標に向かって正しく振るということは、ダウンスイングからフォローにかけて、ゴルフクラブがターゲットラインに対して内側から入りボールに当たって、また内側に入るように振るということです。

しかし、内側から外側に振ったり、外側から内側に振ったりすると、ボールは右に飛び出したり、左に飛び出したりします。

つまり、ターゲットラインに対して、クラブヘッド軌道が「インサイドイン」か「アウトサイドイン」か「インサイドアウト」かにより、ボールが打ち出される方向が決まります。

## クラブフェイスの角度でボールの回転が決まる

このようにクラブを振る方向によって、ゴルフボールは飛び出しますが、飛び出したボールはそのまま真っ直ぐ行くとは限りません。右にも左にも曲がることがあります。

それは、クラブヘッドのフェイスがボールに当たるインパクトの瞬間に目標方向と90度になっておらず、開いているか、かぶっているか、どちらを向いているかによって、ボールに横回転がかかり、曲がることとなるのです。

フェイスを開いて（オープン）こするように打つと、右に向かってスライスするのは経験でよくご承知と思いますが、このようにヘッドを開いてこすって打つとボールには右回転がかかって右に曲がるのです。

逆にフェイスをかぶせて（クローズ）押し出すように打つと、ボールに左回転がかかり、左に曲がるフックボールとなります。

## 12　ボールの飛んで行く9つの方向

### 飛び方にもルールがある

#### 3×3の軌道

スイングした時のターゲットライン（目標線）に対しての「クラブヘッドの軌道」と、ボールに当たった瞬間の「クラブフェイスの向き」との関係が、飛球の方向とボールの曲がり方（飛球軌道）を決定することを前回お話しししました。

実際にはそれぞれが組み合わされてボールは飛ぶこととなります。

ボールの飛び出して行く最初の方向には、「目標に向かって真っ直ぐの場合」「目標より右に飛び出す場合」「目標より左に飛び出す場合」の3つがあります。

そして、それぞれにボールに横回転があるかないかにより曲がり方が違います。ボールに横回転がない場合は、そのまま「真っ直ぐ」に飛びますが、ボールに回転があれば、右回転の場合は「右に曲がり」、左回転の場合は「左に曲がり」ます。

このように「3つの飛び出し方向」があり、それぞれに「3つの曲がり方」がありますので、この組み合わせにより全部で9つの飛球軌道が生まれます。
なんだかパズルを解いているようですが、左の図をよく見てしっかり理解してください。

## 9つの飛球軌道

①左に出てさらに左に曲がる（ひっかけフック）
②左に出て真っ直ぐ（ひっかけ）
③左に出て右に曲がる（ひっかけスライス）
④真っ直ぐ出て左に曲がる（ドロー）
⑤真っ直ぐ出て真っ直ぐ（ストレート）
⑥真っ直ぐ出て右に曲がる（フェード）
⑦右に出て左に曲がる（プッシュドロー）
⑧右に出て真っ直ぐ（プッシュ）
⑨右に出て右に曲がる（バナナボール）

この9つの飛球軌道を理解していれば、飛んで行くボールを見ただけで、どんな打ち方（スイング）をしているかが分かります。

〈飛球の方向・軌道〉

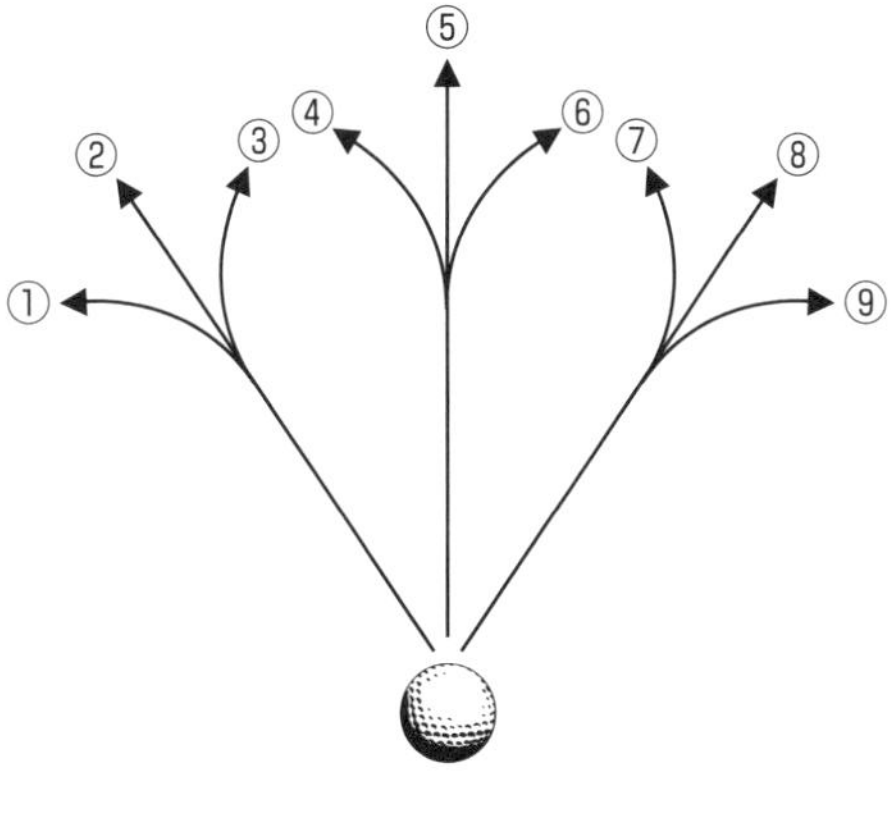

# 13　ボールの軌道により打ち方が分かる

## 練習時も飛球の軌道で判断を

**飛球軌道が分かればゴルフが分かる**

第12話でお話しした9種類の飛球軌道は、ゴルフボールの飛び方を理解する上で大切なことです。これが理解できていたら、ボールの曲がり方の理屈も分かりますので、自分の打ったボールを見て打ち方（スイング）を直すこともできます。

ゴルフのインストラクターになろうとすると、こういうのが必ず試験に出され、理論の筆記試験だけでなく、実技試験で9つのボールを打ち分ける技術の検定もあります。

**自分でスイング矯正できる**

練習の時は、「打ったボールがどう飛んで行くか」「曲がっているか曲がっていないか」「右か左か」その軌道を見て自分がどういうスイングをし、打ち方をしているのかを判断してください。

理屈が分かったら、打ち方を正しく直せばいいのです。それが分からずに「なぜ曲がるのだろう」と、がむしゃらに練習しても上達はできません。

仲間の打ったボールの曲がり方を見て、スライスばかりだったら「球をこするような打ち方をしているよ」とか、フックだったら「フェイスがかぶっているよ」などと、ちょっと注意してあげたら、相手のボールは真っ直ぐ飛ぶようになり、あなたは「すごい」ということになります。

しっかり理解をして練習しましょう。

〈飛球法則ⅢとⅣとの関係を図解してみよう〉

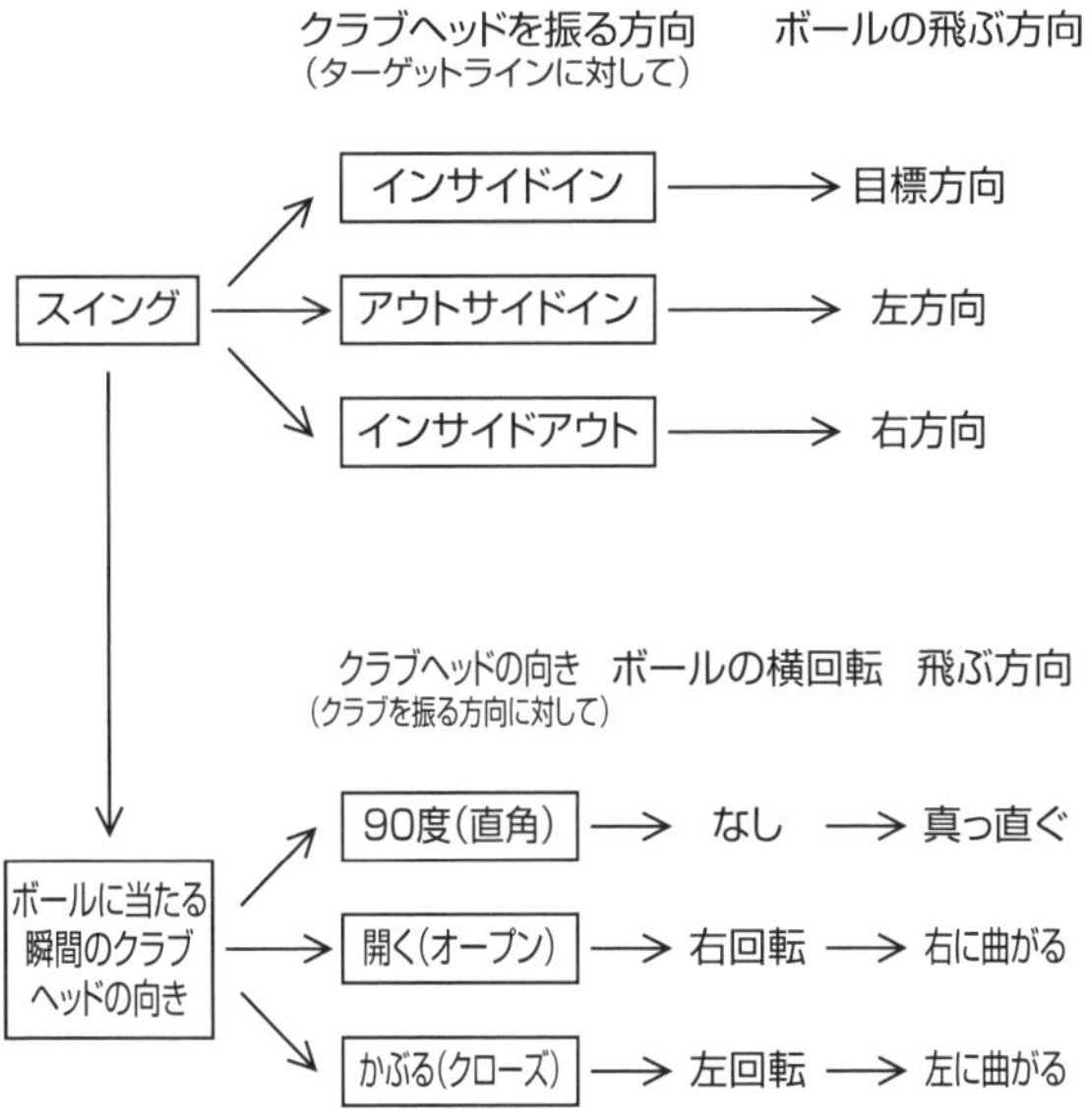

# 14　曲げる練習が上達の早道

## いつも「一定に打つ」練習

### 曲げて打つ

打つ時のクラブフェイスの向きは、ほんのちょっとでもボールの曲がり方に影響します。

いつも「一定に打つ」ことは、言うのは簡単ですがアマチュアには大変なことです。よくプロでも「真っ直ぐ打つのは難しいので、絶えず曲げて打つ」と言う人もいます。

コースに出ると前に木や大きな枝があったりして、ボールをどうしても曲げなければならない時もあります。

こういう時には、飛球軌道の理屈を思い出して、曲がる打ち方をすればいいのです。意識的に曲げて打つ打ち方をインテンショナルスライス、インテンショナルフックと言い、高等技術のひとつとされています。練習の時から、このインテンショナルスライスやインテンショナルフックを打つ練習をしてみるといいでしょう。

このインテンショナル系のボールを打つ練習をすると、真っ直ぐ打つ打ち方・方法も理解できるようになります。

**曲げて打てたら上級者**

私も練習の時は、曲げる打ち方と真っ直ぐ打つ打ち方を交互に行うことがあります。これができるようになると、なんだか上手になったような気分になり、練習も楽しくなります。事実、これができるようになるということは、大きく上達した証拠です。頑張ってみてください。

| 飛球軌道 | クラブヘッドの軌道 | クラブフェイスの向き |
|---|---|---|
| | ヘッド軌道がターゲットラインに対して | フェイス角度がヘッド軌道に対して |
| ① | アウト　イン | クローズ |
| ② | アウト　イン | スクエア |
| ③ | アウト　イン | オープン |
| ④ | イン　イン | クローズ |
| ⑤ | イン　イン | スクエア |
| ⑥ | イン　イン | オープン |
| ⑦ | イン　アウト | クローズ |
| ⑧ | イン　アウト | スクエア |
| ⑨ | イン　アウト | オープン |

# 第三章　技の品格

## 15　飛距離を伸ばそう

# 「ヘッドを走らせる」のが秘けつ

### 飛びが命

ゴルフは上手な人も下手な人も、また、若くても歳をとっていても、まず「遠くに飛ばすこと」に魅力を感じるものです。「スコアより、ドラコンだけはどうしても」と言う人もいます。

やはり人より飛ぶということは、ゴルフにおいては優越感に浸れるもののひとつでしょう。

また、飛ぶということは、残りの距離が短くなることですので、次打がやさしく打てることになり、スコアも良くなる可能性があるということです。

では、飛距離を伸ばす要素にはどのようなものがあるのでしょうか。

飛球法則には、①クラブヘッドのスピード、②打点の正確さ、③クラブヘッドの軌道、④フェイスの向き、⑤打ち込み角度、の5つがあるという話をしました。

飛距離については主に、①の「クラブヘッドのスピード」と、②の「打点の正確さ」が関係します。

## ヘッドを走らせる

クラブヘッドの速度を速くするには、バックスイングで肩と腰をらせん状にねじり、ダウンスイングでそれを一気に腰のリードで戻し、グリップがヘソの前に来た時、左上腕で脇をぎゅっと締め、両肩とグリップでできる三角形を体の正面で意識して残し、クラブヘッドを振り子のように先行させ、ボールを打ちます。フォローでは後から押すようにできるだけスイングの弧を大きく振り抜きます。この打ち方ができるようになるとヘッドは速度を増します。

## ヘッドのスイートスポット

しかし、クラブヘッドをいくら速くしても、こすり球ではどうしようもありません。

つまり、「打点の正確さ」が必要です。ヘッドのスイートスポットにボールが当たっているか当たっていないかによって飛距離が違ってきます。

16　クラブの弧を大きく

# 「自分に最適な長さのクラブ」選び

## 長尺クラブ

飛距離を出すには、「ヘッドスピード」と「スイートスポットに当てること」だと話しましたが、ヘッドスピードを上げるために弧を大きくする意味で、最近では長尺クラブが多くなってきています。

しかし、長ければ長いほどいいというものでもありません。人にはそれぞれの力量があり、長くてもそれが振り切れなくてはいけません。

振り切れるということは、短いクラブと同じように力いっぱい振れるかどうかです。短くて軽いものならいくらでも振れますが、だんだん長くなると振るのが難しくなり、自分の限界の長さがあります。その振り切れる最長のものが、その人の最適の長さとなります。

また、長尺になると、ボールが体から遠くになりますので、スイートスポットに当たる確率（ミート率）が低くなります。このため長尺にはデカヘッドが普通です。見た感じとしてヘッドが大きいと安心感があり振りやすくなるのです。

　クラブが長くヘッドが大きくなると、グリップもしっかりということで、最近は極太グリップも出てきました。極太グリップは、手首が返りにくく安心して叩けるというメリットがあるようです。

## スイング軸

　また、正確な打点という点では、スイングは回転運動ですので、この回転運動には必ず、その中心軸（スイング軸）があります。

　このスイング軸をしっかり固定させ、ボールをよく見て振り抜くことです。スイング軸は、首の付け根から尾骨に抜けた1本の棒をイメージしたらいいでしょう。振る軸がしっかりしていて、ボールがクラブのスイートスポットに当たった時は驚くほどよく飛ぶものです。

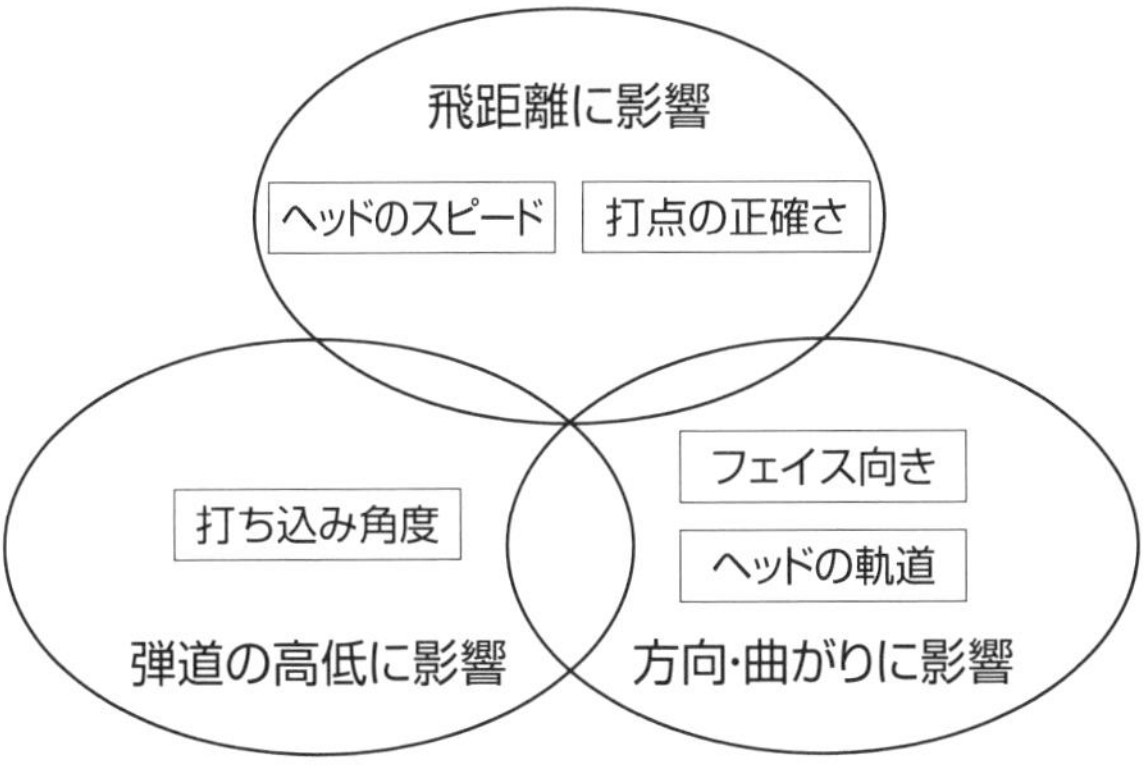

## 17　力をストレートにボールに伝える
# ロフトの大小で球の回転が変化

### クラブの機能と飛距離

ゴルフクラブにボールが当たる場所、つまり、クラブヘッドのフェイスには、角度が付いています。クラブフェイスにボールが当たる時、ボールに対して壁のように直角になっていれば、ボールはそのままクラブの振られたと同じ方向に反発します。しかし、これに角度が付いているとボールは角度に沿って方向を変え、また、回転も生じます。

クラブフェイスには、上に向かって角度が付いています。この角度を「ロフト」と言うことは前にもお話ししました。このロフトの大きい小さいによって飛び方も違ってきます。小さいと力の集中が多くなり、ほとんど前に低く真っ直ぐ飛びますが、大きいとボールに伝わる力は分散され、ボールは回転を生じて高く上がります。

ドライバーは低く飛び出しよく飛ぶのに、ロフトの大きい番手のアイアンで同じように振ると高く飛び出し、あまり距離も出ないのはこのためです。

## ロフトの大きさにより飛距離が違う

サンドウエッジにはクラブの中で一番大きなロフトが付いていますので、ボールは一番高く上がり、山なりの球となって飛ぶ距離も少なくなります。

ドライバーはロフトが小さく垂直近くなっており、打ったら打った方向に真っ直ぐ反発して遠くに飛ぶことになるのです。

このロフトにより、ボールに手前回転が起こり、回転が速いとますます上に舞い上がる現象(吹き上がり)が起きます。また、落ちてからもその回転により手前に戻ってくることもあります（バックスピン）。

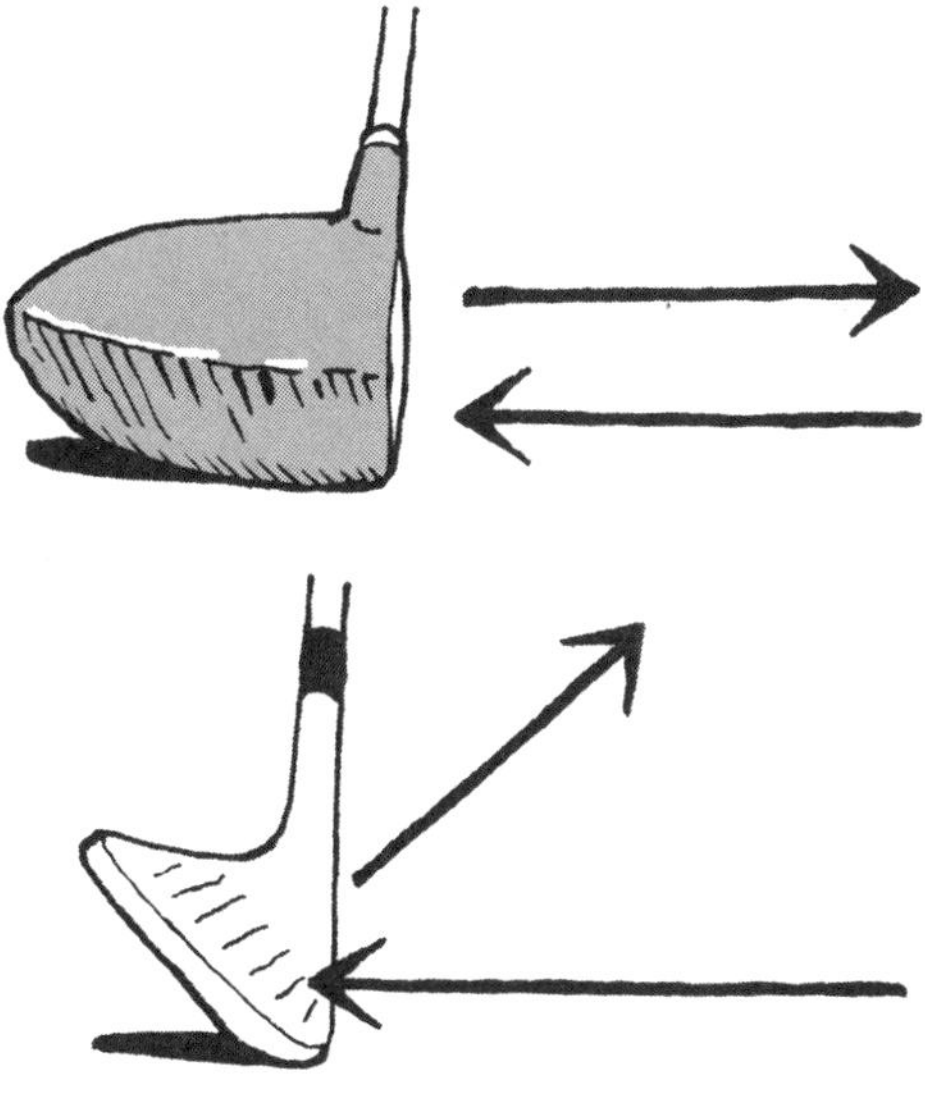

## 18　クラブを振ったら円盤ができるか

# 「スイングプレーン」で決まる

### スイングプレーン

ゴルフ教室のインストラクターなどにゴルフを教えてもらう時、よく「スイングプレーン」という言葉を聞いたことがあると思います。

この「スイングプレーン」は、ゴルフを行う上では大変重要なことです。しかし、実際には自分のスイングが見られないのであまり問題にされない（気にしない）のが現実です。

ゴルフクラブを振った時は、クラブヘッドは円を描きます。そしてその円全体を連続的にイメージしてみると、肩から腕・手首・シャフトが一直線となり、盤となっています。

「スイングプレーン」とは、この腕とゴルフクラブによってできるレコード盤状の平面を言います。難しく言えば、「体の軸を中心として地面に対して角度を持った、クラブヘッドの軌道を円周として想定する円盤状の平面」ということです。

つまり、ゴルフクラブを持って地面にあるボールを打つ時は、上体は少し前屈みとなり、背筋を軸としてボールを見ながらクラブを後ろから前に向かって勢いよく振っていきますので、クラブヘッドは円周を描き、この円周による円は地面に対して少し傾いた円盤となるのです。

これが「スイングプレーン」です。スイングプレーンが目標（ターゲットライン）に対してどういう状態になっているかによって、ボールの打ち出される方向（右か左か）が決まります。

## 凸凹プレーンはダメ

バックスイングからフィニッシュまで一定した面の中で腕とクラブを振るのが、スイングとして良いスイングプレーンということになります。凸凹では駄目です。

ただ漫然とクラブを振るのではなく、スイングプレーンがどうなっているか、「正しく円盤となっているか」「正しくターゲットに向いているか」を意識しながら振ることが大切です。

## 19　目標を正しく向いているか

### 「正しく構え、正しく振る」こと

**スクエアな構え**

ゴルフは、ゴルフクラブという道具を使って、ボールをより遠くへ、自分の思った所へ飛ばすゲームです。

ボールを打つ時は、止まっているボールに合わせて正しく体を目標の方向に向かって構え、クラブを振らないとボールは目標へ飛んで行ってくれません。

つまり、自分の思った所へボールを飛ばすためには、体を目標（ターゲット）に対して正しく構え、正しく振ることが必要です。

構え方を図で示すと左ページの図Iのようになります。

①ターゲットラインとフットラインが平行
②ターゲットラインとボールラインが直角
③スタンスした足に沿って、腰、肩がフットラインに沿っていること

これを「スクエアな構え」と言います。

「スクエアな構え」で目標をとらえて構えることで、ボールは目標に向かって真っ直ぐ飛び出します。

**クローズな構え**

足の位置を、左足に比べ右足を少し下げたクローズスタンス（ターゲットラインに対し構えがクローズとなっている場合）にすると、ボールは目標より右に飛び出します（図Ⅱ参照）。ただし、体をクローズにした足に沿って、正しく構え正しくクラブを振ったらということですが……。

〈図Ⅰ　スクエアな構え〉

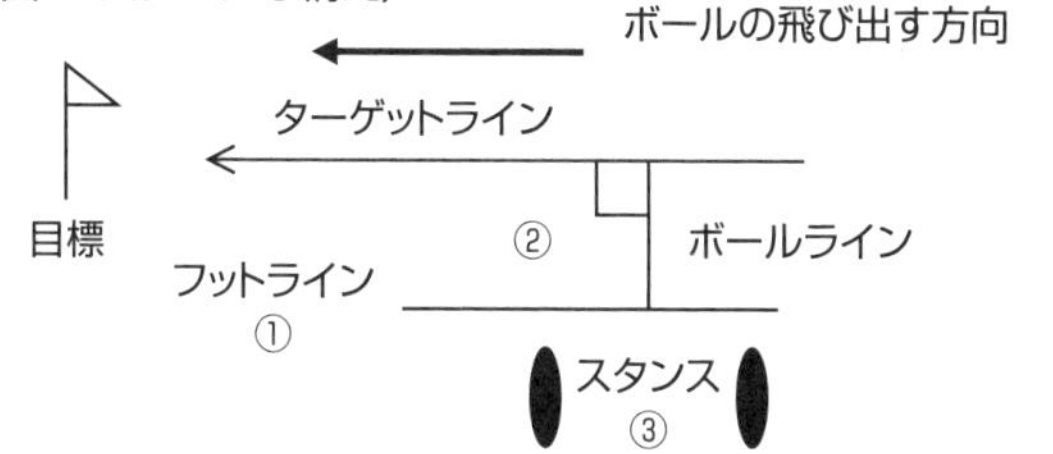


〈図Ⅱ　クローズな構え〉

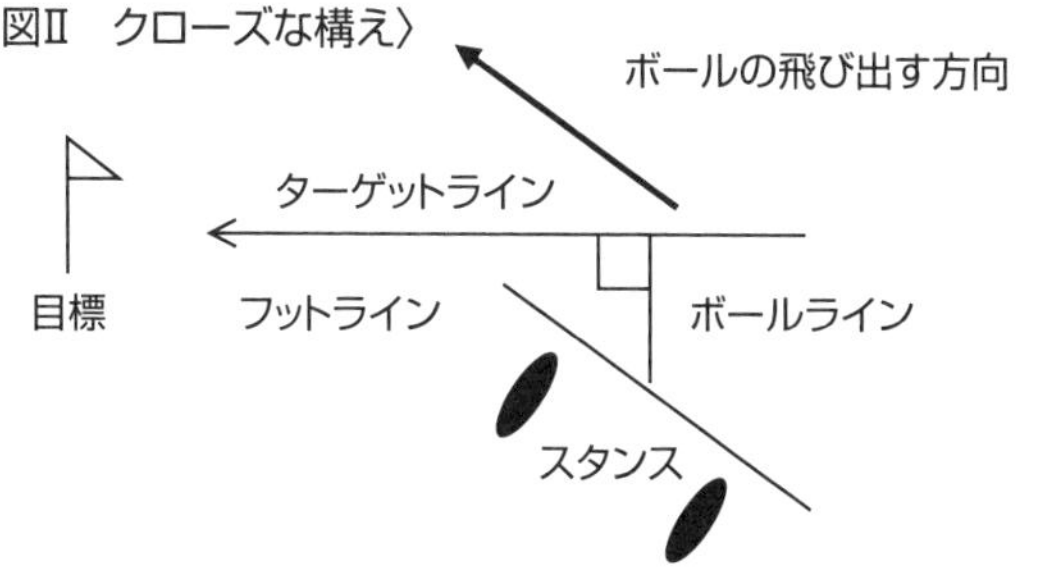

## 20　無意識の正しい構え

# 「スクエア」に構えることが大切

### オープンな構え

構え方について、第19話では「スクエアな構え」「クローズな構え」について話しましたが、今回は「オープンな構え」についてお話ししましょう。

体を開いて足をオープンスタンス（ターゲットラインに対し右足より左足が遠くなっている）にして構えると、ボールは左に飛び出します（次ページ図Ⅲ参照）。この場合も構えたなりにクラブを振ったらということです。これを「オープンな構え」と言います。オープンに構えカット打ちに振ると、こすり球となりボールは左に出て右に曲がります。

ゴルフボールを目標に向かって真っ直ぐ飛ばすためには、スクエアに構えることが大切となります。

ゴルフは前にも話しましたように、自分の思った所にボールをうまく飛ばさなければスコアは良くならないゲームです。

## 足は？　膝は？　腰は？　肩は？

　この「スクエアな構え方」をよく頭の中に入れて、ボールを打つ時は体がどちらに向いているか、「フットラインはターゲットラインと平行か」「体はフットラインに沿っているか」「足は、膝は、腰は、肩は」と練習の時から絶えず意識してボールを打つことが大切です。上手な人はサッと構えただけで、スクエアな構えになっています。

　構えるにも自分なりの手順を作り、いつもその手順により構えに入るようにすると、毎回同じ構えとなり一定したスイングができます。

　これは日ごろの練習で習慣付けてください。

〈図Ⅲ　オープンな構え〉

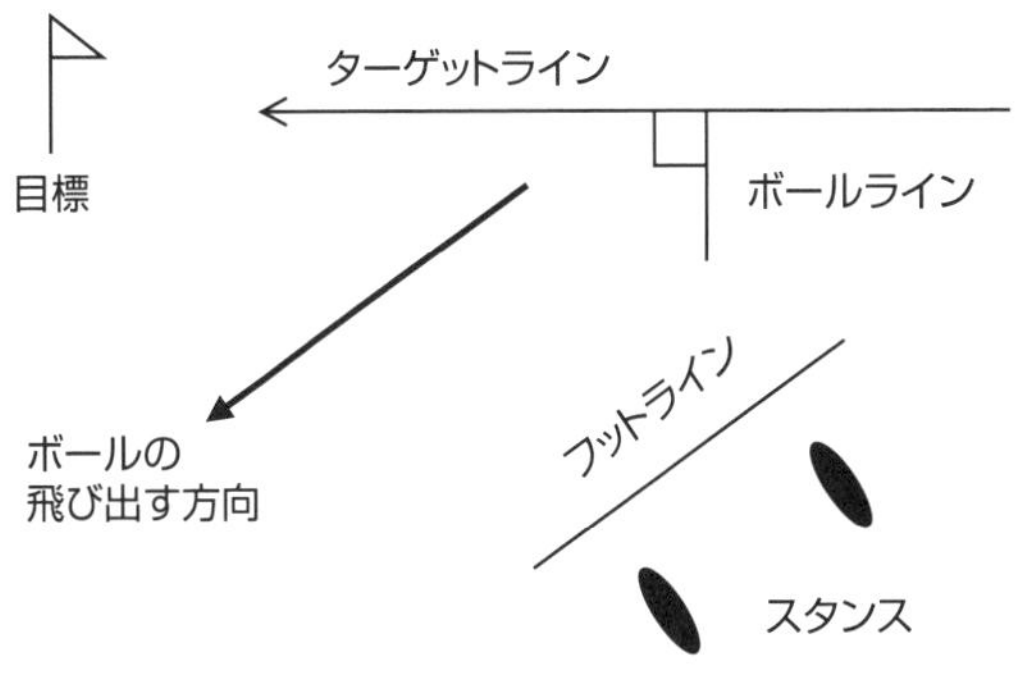

## 21　構えの手順

# いつも一定の構えができるように

### 正しい構えへの入り方

構えが1回1回違っていたのではどうしようもありません。そのためには「構えへの入り方」と「構える手順」を決めておけば、すんなりといつも同じ構えとなります。私のやっている手順を紹介してみましょう。

①まず、ボールの後ろに立ち、ボールと目標を結んだ線（ターゲットライン）を想定します。それと同時に自分の打つボールの飛球軌道をイメージします。つまりボールがどのように飛んで行くかです。

②イメージができたら、そのイメージを崩さないように構えに入ります。先程の目標に向かってボールの後ろに「クラブフェイスを直角」に合わせます。

③次にグリップです。左手の甲を目標に向け、右手を添えます。

④そしてスタンスを固めますが、まず左足の位置を決めます。左足が決まったら次に右足の位

置を決めます。この際、足のつま先を結んだ線（フットライン）が目標とボールを結んだターゲットラインと平行になるようにします。

⑤立ち位置が決まったら、それに沿って腰、肩もフットラインに合わせます。

⑥少し前屈みになって打つ体勢を作り、全体の微調整をします。構えたら、ボールの飛んで行くイメージをもう一度しっかり頭の中に焼き付けます。

⑦イメージ通りに飛んで行くボールを意識して（気持ちで）スイングします。

## カッコいい構え

重要なのは目標に体を合わせ、ボールの飛んで行くイメージをしっかり持つことです。

いくら良い振りをしても、クラブフェイスが振る方向に正しく向いていなかったり、体が違う方向を向いていたりしたら、ボールは曲がったり、とんでもない方向に飛んで行きます。「構え」だけでも、誰からも「いかにも飛びそう。カッコイイ」と言われる構えにしましょう。

## 22　ゴルフの決断

# 即座の判断力を養うにも

### 決断のスポーツ

ゴルフのプレーでは、絶えず「距離はどれぐらいか」「どこに打つべきか」「どのクラブで打つか」などボールを打つごとに、その時その時の状況に合った、いろいろな判断をしなければなりません。そして、その判断結果はその場ですぐ分かります。

このためゴルフは「決断のスポーツ」と言われています。この決断の良し悪しによりスコアが良くなるか悪くなるかが決まるのです。

ゴルフの決断では、自分の置かれている状況判断は自分自身で行わなければなりません。また、早く決断しないとプレーが遅くなりますので、「即座の正しい判断」が必要となります。

これは、仕事にも大いに役立つゴルフの効用のひとつです。

適当な判断ではいつまでたっても上手にはなれません。打つ場面、場面に応じた「決断の極意」をお話ししましょう。

## コースの状況はどうなっているのか

「フェアウエーが広いのか狭いのか」「OBはないか。どれぐらい奥まった所にOB杭はあるのか」「少し曲げても大丈夫なのか」「池など障害物はないか、その池を越えるには何ヤード打てばいいか、手前に刻むのなら何ヤードか」「バンカーはどの位置にあるか。右か、左か、真ん中に横切っているのか」など、ボールの飛んで行く先の状況をまず見極めます。

## ボールの落とし所を決める

コースの状況を見極めたら、次はボールの落とし所を決めます。「200ヤード先にバンカーがある場合は、230ヤードは飛ばさないと越えないので、バンカー手前で止めておこう」「右にOBがあるので左フェアウエーの安全な方を狙おう」「どうしても越えそうにない池があるのでその手前で止めておこう」「ボールを落とす場所は平らな所にしよう」など、コースの状況に自分の力量を勘案し、総合的に判断してボールの落とし所を決めます。プロやトップアマになると、その次をどう打つかを考え、「自分の得意クラブの距離を残したところに落とす」とか、次打以降をやさしくすることを考え落とし所を決めています。

落とし所というのは、ドライバーならある程度の余裕のある「エリア（10〜20ヤードの円とか楕円）」を想定します。アイアンの場合は、落とし所は「一点」です。

## 23　ティーショットの決断

# 受け身でなく攻めの姿勢

**打つクラブを決める**

ティーインググラウンドで落とし所を決めたら、次に距離と風の状況などによりドライバーを持つか、スプーンでいくか、アイアンにするか、打つクラブを決めます。

特に出だしの1番ホールでは、朝一番でまだ体も硬いし安全策をとるときもありますが、「受け身」とならずに積極的に攻めることをお勧めします。大事なトーナメントの試合でもない限りは、ドライバーで打つ所ではドライバーを使い、スプーンを使うべき所ではスプーンを使えばいいのです。

初めから安全策にする必要はありません。引っ込み思案の人や、打つべき所でそれなりのクラブを使わないような人は、いつまでたっても上手になれません。ゴルフというのは14本のクラブを使うことが許されているわけですから、それをフル活用するためには、とにかく使って自信をつけるのです。「14本を上手に使う」、それがゴルフです。

## 「構え」に入る

打つクラブが決まったら、自分の打つ順番を待って「構え」に入ります。まず、自分のティーアップしたボールと落とし所を結んでボールがどのように飛んで行くかをイメージします。

この時はボールの後ろから、ティーアップしたボールと飛ぶ途中、そして狙った先のボールの落とし所を結んだ三次元のイメージをします。「自分はこのように打つのだ」ということを自分に言い聞かせるのです。構えに入ったら体が正しく自分の決めた落とし所を向いているかどうかをチェックするだけです。

## 思い切りよく自然体で振り抜く

「構え」たら、もう一度自分が落とし所の方向に打てるように向いているかどうかを確認し、自分の打ったボールが狙った方向に飛んで行くことを、頭の中にイメージします。そしてスイングです。

構えてからはこれだけで十分です。構えたらとにかくイメージどおりに目標に向かってボールが飛んで行く所をイメージして振ることです。

ゴルフは「考えるスポーツ」と言われますが、これは打つ前の判断・決断の時の話であり、構えたらいつもと同じように思い切りよく自然体で振り抜くことが大切です。

## 24　フェアウエーの決断

# 仕事で鍛えた判断力

### 球の止まった状況をチェック

フェアウエーでは、「ボールが止まったあるがままの状態」で打たなければならないのが、ゴルフの重要なルールのひとつです。

そのためには第一に、ボールがどのような状態で止まっているかをチェックします。「芝のいい所に止まっているか」「ディボット（人の打った跡のへこんだ所）に入っていないか」「裸地（草のない所）に止まっていないか」「斜面なのか」などをチェックするのです。

### 打つ方向をチェック

ボールとピン（目標）を結んでみて、その線上に「バンカーとか池とかがないかどうか」「グリーン周りの状況はどうなっているか」など、ボールとこれから打つ方向の状況をチェックします。

## 距離を目算

つぎに、ボールからピン（目標）までどれくらい距離があるかを目算します。普通ゴルフコースでは、グリーンまでの距離の目印として100ヤード、150ヤードの所に樹木とか杭を設けていますので、これを活用します。

この目算が一番大切です。距離の計算を間違うと、いくら良いショットをしても何にもなりません。キャディーさんを頼りにするのもいいのですが、ゴルフは「自分との闘い」です。自分で距離をつかむ癖を付けましょう。キャディーさんに聞くのは確認のためでいいのです。

## 打つクラブを決定

「ボールの止まっている状態」「打つ方向」「目標までの距離」の3つを総合的に判断し、どのクラブで打つかを決めます。クラブを選ぶ時は、「打つ瞬間の風の状況」「アゲンスト（向かい風）か」「フォロー（追い風）か」によっても打つクラブの番手が違ってきますので注意が必要です。

これらの判断が正しくできるかどうかにより、あなたのゴルフセンスが問われることとなります。仕事においても、個々の事象の見極めをし、それらを総合的に勘案し最終判断を下しますが、これと同じです。「ゴルフが仕事に役に立つ」と言われるのは、「的確な状況判断が瞬時に決断できる」ことが、ゴルフで鍛えられるからなのです。

## 25　アプローチの決断

### 実戦経験の多い人がうまい

**グリーン周りは得意なクラブ**

惜しくもグリーンに乗らなくて、アプローチを残す時があります。

残りの距離により、転がすか、ピッチエンドランか、ティップショットかという選択になりますが、パターが使える所はパターの方が一般的には堅実です。

グリーン周りは、得意とする1本のクラブで攻める方がベターです。下手にさまざまな場面で番手の違ういろいろのクラブを使うより、自分の好きなクラブを1本決めておいて、「グリーン周りはこれ」と、常時それを使うことです。

グリーン周りでの距離によりいろいろのクラブを使い分けていたのでは、一般のアマチュアには難しくなるばかりです。できるだけ単純にいきましょう。なかったらこの際、得意クラブを作ることです。

## ワンバウンド目をどこにするか

アプローチはボールの最初の「落とし所」が肝心です。自分の得意とする方法で攻めましょう。私はグリーン周り専用サンドウエッジを決めており、いつもそれでピッチエンドランを多用しています。どんな打ち方をするにしても、最初にボールを落とす「点」を決め、その一点を狙って、落として行くことがアプローチの秘訣です。

そのためには、日ごろから自分の得意とする打ち方が「どれぐらいの力でどれぐらいの所にボールを落とせるか」「ボールが落ちてから転がる割合はどれぐらいか」を知っておきましょう。ピンまでの3分の1の所に落とせば、あとの3分の2が転がるとか。これを知っておくことが、アプローチにおいて一番大切なことです。これは練習によって体得するものですが、この練習ができる練習場はほとんどないと言っていいのではないでしょうか。

そしてもうひとつ、3分の1の計算上の落とし所が草の長いラフだったりしたら、そこに落とすわけにはいきません。その場合はクラブフェイスを開いて、ボールをフワッと高く上げ直接グリーンに落とし、ランを少なくするとか、そこは経験による技術の見せどころです。

やはりアプローチは実戦で経験し、それを頭の中にしっかりイメージしておいて、同じような場面で再現するしかありません。アプローチはコースにたくさん出ている人がうまいのは当たり前なのです。

26　パットの決断

## グリーン上の読みは頭

### パットは頭

だんだんカップに近づいてくると、頭を繊細に使う必要が多くなってきます。パットは一番頭を使うところかもしれません。

まずグリーンに上がる前に、「傾斜はどうか」「2段グリーンになっていないか」など、グリーンの全体的なことについて見ておきます。もちろん、グリーンに上がってからもしっかり見ますが、全体的なことはグリーンの外から見た方がはっきりとよく分かります。

### 傾斜と芝芽

次にグリーン上の自分のボールの位置が、グリーン全体のどういう状況にあるかを見極めます。自分のボールからカップに向かって「上りなのか下りなのか」「斜めなのか」「途中に山はないか」「芝の芽はどちらに向かっているか」などをチェックするのです。

傾斜の具合は、止まっているボールの手前からと反対側、そして横からも見ます。

芝芽は、光って見えたり、緑が濃く見えたりで判断しますが、アマチュアは芝まで読むのは難しいところです。芝芽はいつもグリーンの転がり方を見ているキャディーさんが一番よく知っています。しかし、傾斜だけは自分でしっかり読みましょう。

## カップインをイメージ

全体的なグリーンの状況を見て、「ボールが転がりカップに入るライン」をイメージします。そして、どれぐらいの強さで打ったらカップに届くのかを頭に叩き込みます。グリーン上の読みは頭の問題です。ここで頭の良し悪しが分かります。

## 「絶対入る」と自信を持つ

後はその読みに基づいて、イメージどおり手がうまく動くかどうかということです。くれぐれもカップに到達するように打たなければいけません。カップまで転がらないと、いくらオンラインでも入りません。自信を持って打ちましょう。このようにグリーンの上だけでもいろいろな判断が求められ、それを瞬時に決断し実行します。そして、頭が良かったか、悪かったかの結果はすぐ出ます。ゴルフは、それだから面白いのです。

## 27　ゴルフの狙い所

### 「狙い所」をイメージして打つ

**気を集中したイメージ打法**

これまで話してきましたように、ゴルフでは、どこに打つか、どこに落とすかという「狙い所」が大切です。打とうとする時、自分の気持ちの中に狙い所をイメージして打つことが、ゴルフボールを意のままに思った所に飛ばす極意です。漫然と前に向かって打っていては「行く先はボールに聞いてくれ」と言うことになります。

狙う場所としては、ドライバーではボールの落ちる「エリア」、アイアンは「ピン」または「一点」だということは既に話しました。グリーンにオンする可能性のある位置からなら、迷わず直接ピンを狙います。グリーンまで到底届かない時は、少しでもグリーンの近くまでという積極的な攻めをした方が、アマチュアにはいい結果となるものです。

アプローチの場合は、もうピンは目の前ですので、できるだけカップに1パットで入れられるように、願わくはチップインするように狙います。

狙うときはカップめがけて打つのではなく、ボールがどこにワンバウンドすればコロコロ転がってカップに入るかを計算（イメージ）します。

その最初の落とし所に「気」を集中して打つのです。落ちた所が「受けているのか、下りなのか」により転がり方も違います。日ごろから自分の打ったアプローチの転がり方を知っていなければいけません。これには経験です。

## いつものやつ

私はグリーン周りでは、いつも専用のサンドウエッジでビシッとボールをしっかり打ちます。2対1の割合でだいたい間違いなく転がってくれます。

キャディーさんに「いつものやつ」と言っていると、この専用ウエッジを渡してくれて、そのうち黙っていてもキャディーさんがそれを渡してくれるようになったら、その日の機嫌は上々となります。

## パターはカップの向こう側縁

パターは、真っ直ぐなラインの時は「カップの真ん中、向こう側の縁の一点」を狙います。この一点まで12センチのベルトが敷いてあると思って打つと安心感があります。

## 28　アッパーブローはドライバー

# スイング軌道と打点位置

### **最下点を過ぎて上がり気味**

ゴルフボールを打つ時に、「スイング軌道のどの位置でボールに当てるか」ということにより、ボールの飛び出し方が違います。

ゴルフのスイングでは、クラブヘッドは丸い円（正確には変形の楕円）を描きますが、ボールは地球の上にあるのですから、ボールに当たるのはその一番下が一般的には最適とされています。

しかし、これをいつも正確に行うことは大変難しい話ですし、ドライバーとアイアンでは打ち方も違います。

ドライバーはティーアップしてボールを打ちますので、飛距離を出すためには最下点を過ぎて少し上がり気味のところで打ちます。このような打ち方を「アッパーブロー」と言います（左ページの図を参照）。

## ターフを飛ばす

アイアンでは、ボールが地面に接していますのでアッパーブローに打とうと思っても、ダフるばかりで物理的に不可能です。最下点で打つこともできますが、常に最下点で上手に打つとなると至難の業です。

最下点となる前で、クラブが下におりている時にボールに当てて、ボールの左側（前方）の芝（ターフ）を切り取って飛ばす方がやさしく、また力強い球が出ます。

最下点となる前で打つということは、とにかく下に向かって力まかせにクラブをドーンとボールにぶつけてやればいいので打ちやすくなるのです。またこの方が方向性も良くなります。この打ち方を「ダウンブロー」と言います。

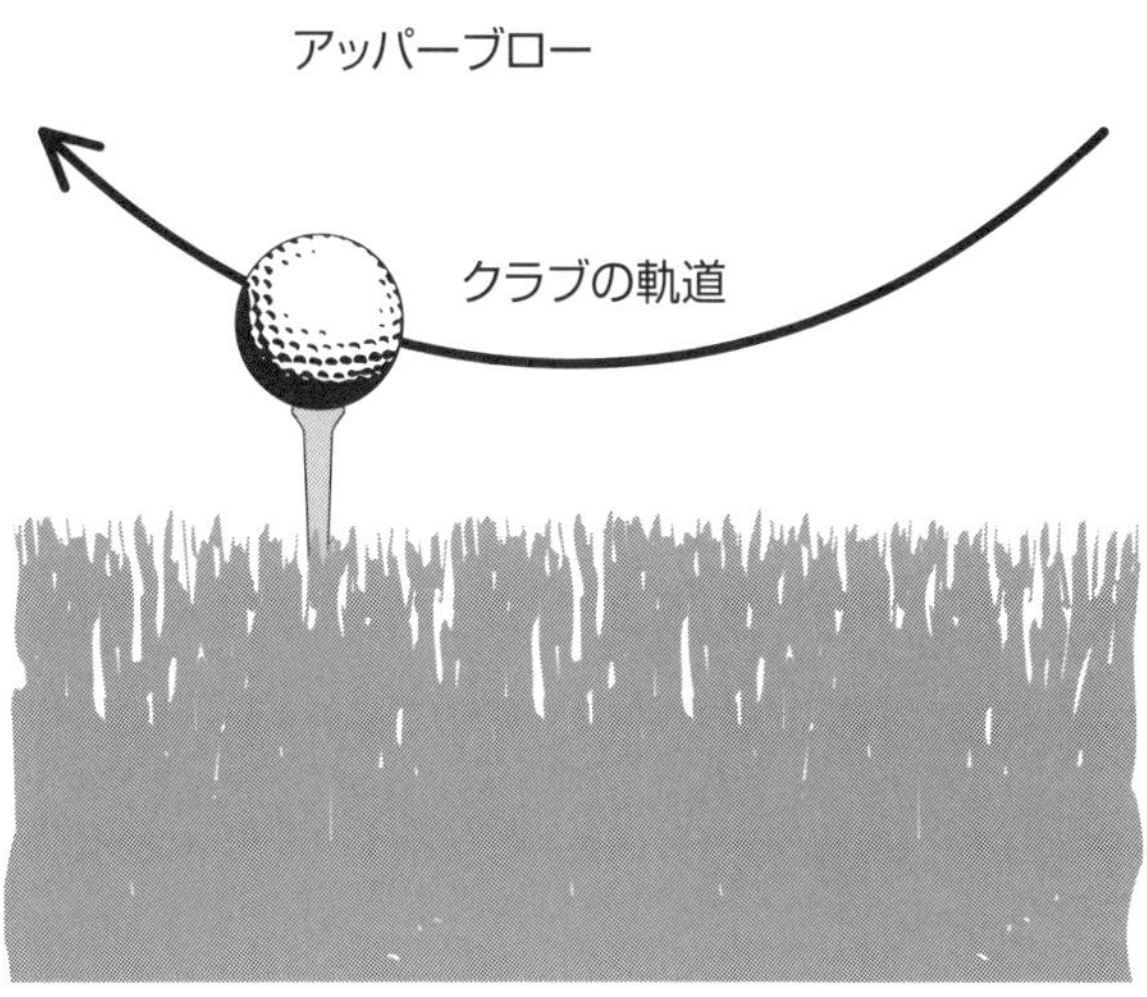

## 29　アイアンはダウンブロー

# 上からボールをつぶす意識で打つ

### 曲がらず強い球

私は以前、「アイアンの神田」と言われていました。ダウンブローの打ち方で力強いボールと、あまり曲がらないボールを打っていたからです。

なぜ曲がらないかと言いますと、人はクラブを下に振り下ろす時は、フェイスの左右への開きは少ないものです。これが最下点を過ぎると体も開きますので、この開き具合が力加減と一緒になって一定しなくなるのです。

しかし、打ち込む時にはほとんど一定しています。だからボールはあまり曲がらずに飛んで行きます。また、ボールにバックスピンも強くかかりますので、落ちてからの転がりも少なく、思った所に狙って落として行けるのです。

この時に注意しなければいけないのが、地面とボールのどの位置にクラブヘッドのエッジを打ち込むかということです。

## ハンドファースト

　構えとしては、ボールを真ん中（または少し右）に置き、グリップを少し左に寄せ、ボールからクラブ、グリップ、左腕が真っ直ぐ左肩に向かって一直線になるように構えます。この構えだとボールよりグリップ（手）が前（左）に出ているため、これを「ハンドファースト」と言います。

## ボールの右半分下と地球のすき間につぶし打ち

　そして、左目でボール右半分の後ろ下を見ます（見えない？見えないところを心眼で見るのです）。クラブヘッドのエッジが、ボールの右半分下と地球とのすき間に入るように、上からボールをつぶすように打ち込みます。

　これがダウンブローの極意です。そしてしっかり振り抜くことです。こうするとまず、クラブはボールに当たって、ボールの前方の芝を切り取って、ボールと芝が一緒に前に飛んで行きます。

　この切り取った芝（ターフ）の跡により打ち方が分かります。

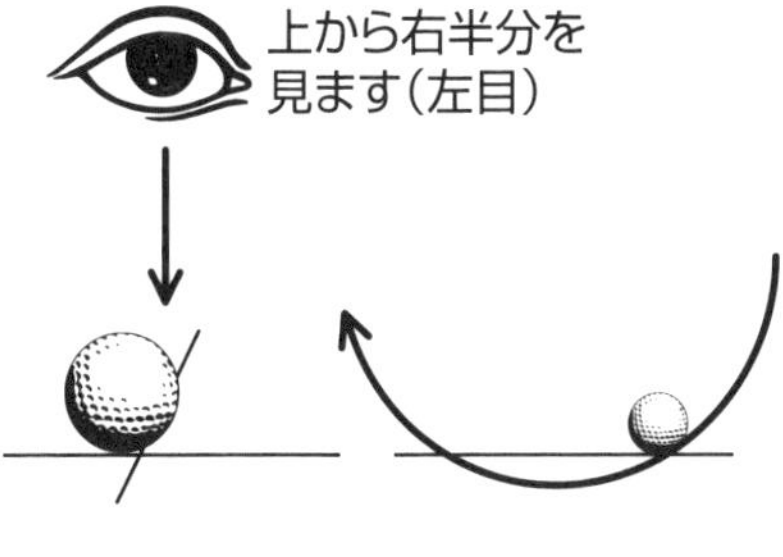

## 30　道具に意思を伝える役のグリップ

## 初心者はオーバーラッピングから

### 体とクラブのちょうつがい

グリップの良し悪しにより、打つ人の意思や力がクラブにうまく伝わるかどうかが決まります。

グリップは体とクラブのちょうつがいの役目を果たしており、ボールを正確により遠くへ飛ばす上で、大変重要な役割を持っています。

往年のプロゴルファーのジーン・サラゼンは「スイングの70％はグリップによって決まる」とも言っています。

変な癖のあるグリップですと、ある程度のスコアまでは出せますが、それ以上は望めません。

### グリップ3つの握り方

グリップの握り方には、普通、３つの方法があります。ゴルフの場合は自己流でよいというものではありません。

**①オーバーラッピンググリップ**

左手の人さし指と中指の谷間に、右手の小指を乗せたグリップです。今はこのグリップが主流を占めています。なぜこのグリップが主流かと言いますと、一般に左手より右手の方の力が強いため、左手は全部の指で、右手は５本のうち４本の指で握り、両手のバランスを取るということです。

**②インターロッキンググリップ**

左手の人さし指に右手の小指を絡ませ、両手をしっかり固定させて握るグリップです。手の小さい人や力のない人が行うといいグリップです。

**③ベースボールグリップ**

その名のとおり、野球のバットを握るように両手の全部の指で握るグリップです。このグリップは、力は入るかもしれませんが、安定性に欠けますのでお勧めできません。

最初は「ゴルフとはなんと難しい握り方をするものなのか」と思うかもしれませんが、そのうち慣れてきます。

ベースボールグリップ　インターロッキンググリップ　オーバーラッピンググリップ

## 31　握りの角度により飛ぶ方向が違う

# フックグリップで遠くに

**握りの3つの角度**

グリップを握る角度には、

**①スクエアグリップ**（ナチュラルグリップ）

**②フックグリップ**（ストロンググリップ）

**③スライスグリップ**（ウイークグリップ）

の3つがあります。

スクエアグリップはその名のとおり、両手を正面で真っ直ぐ合わせシャフトの真上から握る（左手甲が目標を向く）ものです。

フックグリップは、左手を少しかぶせて握り（左手甲が少し上を向く）、それに右手を横から合わせたもので、このグリップで普通に打つと左にフックすると言われています。しかし、力を入れて打てますので強い球になり、ボールはより遠くに飛んでくれます。アマチュアの場合はこのグリップが普通です。

スライスグリップは、あまり勧められないものですが、左手を開いて持つ（左手甲が少し下を向く）握り方です。プロの中でも特に腕の力が強く左に曲がって仕方がない場合に、このグリップにするということもありますが、プロでもあまりやりません。

## 指で握る

また、シャフトを手のひらで握る「**パームグリップ**」と、指で握る「**フィンガーグリップ**」があります。一般的に「手の小さい人は手のひらで、大きい人は指で握れ」と言われています。

日本人のような手先の器用な人は、フィンガーグリップの方がしっくりいきます。

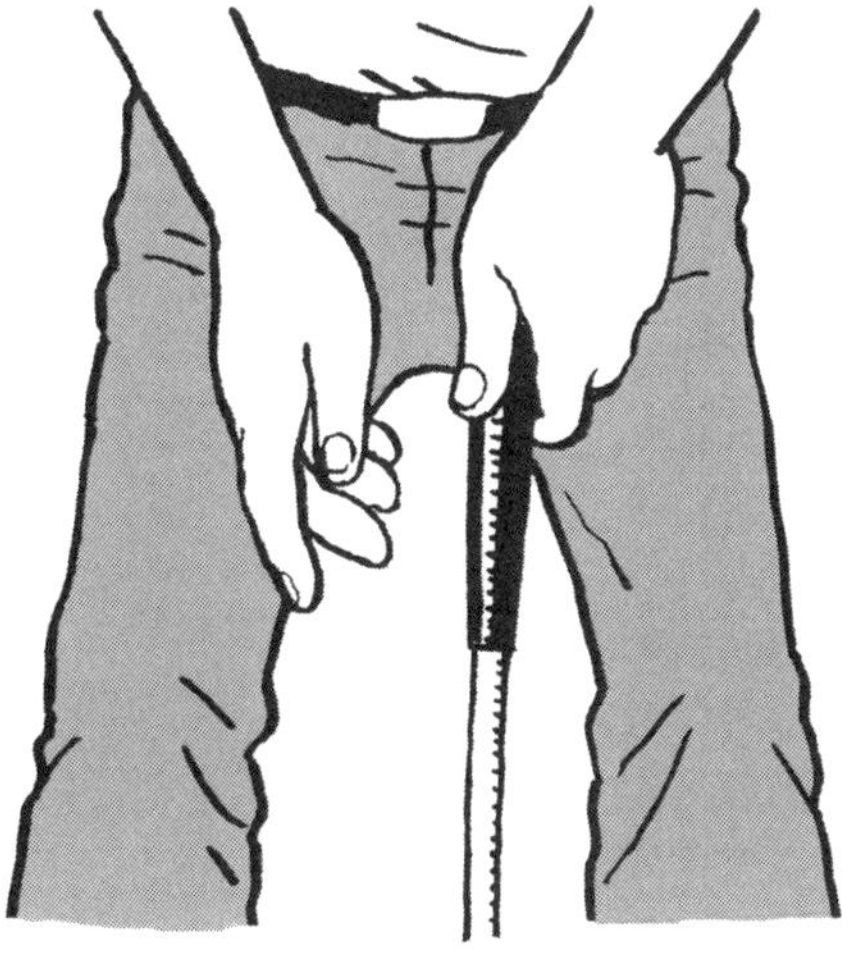

## 32　金づちコック

## 「小鳥を握るように」の教え

### 小鳥を握るように

グリップの「握り」の力の入れ方ですが、これは「小鳥を握るように握れ」と言われています。両手の全部の指に力を入れてはいけません。左手は中指、薬指、小指でしっかりと握りますが、あとの指は添えるだけです。右手は中指、薬指で握り、あとは添えるだけで力は入れません。ゴルフクラブはこれだけの指で握るのです。そしてグリップは両手に一体感があることが大切です。

### 金づちコック

手首というのは2つの方向に曲がります。

ひとつは①手のひらの方向（内側）と手の甲の方向（外側）。もうひとつは②親指の方向と小指の方向です。

皆さんはどちらが扱いやすいですか。だいたいは①の手のひらと甲の方向が簡単だと思います。これはやさしくて動きやすいものです。しかし、力を出すときはどうでしょう。金づちを持って釘を打つ時を考えてください。手のひらと甲の方向ではなく、親指から小指の方向に、金づちの頭の部分の重さを上手に利用して打ち下ろしています。そうすると力が出て釘を打ち込めるのです。ゴルフでもボールに当たるヘッドの部分は重く作られており、それを上手に利用して打たなければ、ボールは飛んでくれません。ゴルフは止まっているボールを叩いて飛ばすわけですから、金づちで釘を打つように親指から小指方向に動かして叩く方がボールはより遠くに飛んでくれます。実際に実験してみてください。

ゴルフでは手の甲は固定します。手のひらから甲にかけて動かすのは禁物なのです。動かすのは「金づちスタイル」です。私は「金づちコック」と呼んでいます。この「金づちコック」が威力を発揮するのは、ドライバーでフックグリップに握って力いっぱい叩いて距離を出したいときです。フックグリップにして横から金づちで釘を打つようにクラブヘッドを上手に利かせて「金づちコック」を使うのです。コツは腕のローリング（右の内回転、左の外回転）とともに左脇を締め、左小指に力を入れ、ヘッドで釘を打つようにタイミングよく振ります。このタイミングが狂うと極端なフックやスライスになる可能性があります。練習でちょうどいいタイミングを試行錯誤して体得してください。

## 33　クラブヘッドは手の一部

# クラブを自分の体の一部として魂を入れて

### クラブヘッド先端に意思を

一度クラブを握ったら、それはもう体の一部であり、意識もクラブの先のヘッドまで行き届いていることです。体とクラブが別々に動いていたのでは到底ゴルフは上手にはなれません。

構えた時は全神経をクラブの先に集中することです。当然、クラブの先（ヘッド）が今からボールを叩いて飛ばすという仕事をしてくれるわけですから、そこに打つ人の意思を伝えるということです。

ある人は構えて「腕から手の先、そしてクラブに向かって神経がスッと流れ、クラブヘッドの先まで自分の意思が届いたところで、おもむろにテークバックに入る。クラブの先まで自分の感じが伝わらないと打たない」と言っています。

「クラブヘッドの重さを感じて打て」とよく言われますが、これも同じことです。クラブは遠心力で振りますので、その遠心力の一番先のところがうまく回るかどうか、そこに「気」が入っているかどうかです。そこに「気」が入って神経が集中していれば、そのヘッドは思ったような仕事をしてくれるものです。

## クラブを信用

ゴルフクラブもただ単なる道具としてではなく、自分の体の一部として、魂を入れて振ってください。そうするとゴルフボールは思うように飛んでくれます。

構えた時、「当たりそうにないな」「空振りしそうだな」「OBに行きそうだな」などと、自分の持っているクラブを信用しなかったら、クラブもそれを感じて、変な当たりにさせてしまいます。クラブを信頼し、意識をクラブヘッドに集中して、自信を持って打つのです。要は「精神集中」と「気」の問題なのです。

よくプロやトップアマが「このクラブは顔がいい」とか言いますが、それはそのクラブが自分の手になじみ、飛びそうだなと自分の相性に合っていると直感的に感じているからです。

ゴルフクラブは大切に扱いましょう。いつも自動車のトランクの中というのではクラブは泣いていいます。愛着を持って毎日、触っていれば手にも馴染むものです。

「刀は武士の魂」と言われますが、ゴルファーにとってクラブは魂なのです。大切に扱ってあげましょう。

# 第四章　練習の品格

## 34　間違った練習はやめよう

# 基本に忠実に基本通りのフォームで

### 基本に忠実

皆さんはゴルフ上達のためにどんな練習をされていますか。練習時間もあまり取れず、いつもコースにぶっつけ本番という人もいれば、練習場通いに意義を感じている人もおられると思います。

スポーツというのはどの種目でもそうですが、やはり練習しないと上手になれないものです。「1に練習、2に練習、3に良いインストラクターに習うこと」と私は言っています。毎日素振りを100回してシングルになったという人もいます。練習の仕方は、その人その人によって違って当然です。ゴルフの練習をライフスタイルの中の1コマに組み込むようになったら、その人は上達できる可能性が大きくなったと言えるでしょう。

スポーツには必ず基本というものがあり、基本をまず会得して練習しているかどうかが問題です。我流でやっていたのでは変な癖が付くばかりで、ある程度までしか上達しません。我流ではハーフ45ぐらいまでがいいところでしょう。45を切れない人は、もう一度基本に戻った方がいいかもしれません。

「下手な練習しないがまし」とも言います。特にゴルフではそうです。悪い癖が付くような練習は絶対すべきではありません。練習では絶えず基本に忠実に、基本通りに行うのが大原則です。

## 自分のフォームを見る

自分では基本に忠実にやっているつもりでも、全く違うフォームで打っていることがよくあります。できるだけ上手な人にフォームを見てもらい、どんなカッコで打っているかチェックしてもらった方がいいでしょう。

自分の連続写真を撮って見ると「これが自分のフォームか」と疑いたくなるものです。「何と変なスイングの人がいる」と思ったら自分だったとか。自分では石川遼君なみの大きなアークでフルスイングしているとか、宮里藍ちゃんのような華麗なスイングをしているつもりですが、そうはいかないものです。

変なスイングになっているというのは、一般的には力の入れ方が間違っているからぎくしゃくして変に見えるのです。

間違った練習、間違ったフォームを身に付けないようにしましょう。

## 35　練習場での注意事項

### 目的意識と集中力こそが上達の早道

技術的なことは専門書にまかせるとして、月イチゴルファーが練習場で一般的に注意すべきことを話してみましょう。

**ヘッドアップ**

ボールがどこに飛んで行ったかをできるだけ早く確認したいのが人情です。1球1球「どう飛んで行ったか」「どう曲がったか」「どこに落ちたか」などを見ることができるのが練習場です。特に短い練習場だとすぐに向こうのネットに当たってしまいますのでどうしても早く見たいものです。このためヘッドアップが起こりやすくなります。

ヘッドアップは「意識が先行して体が開いてしまうスイングのこと」を言います。打ってからボールを見るタイミングとしては、頭を残してフィニッシュを決め、ひと呼吸しておもむろに自分が想定した方向50〜70ヤードぐらい先をボールが上昇しているところを見るぐらいが一番です。そこにボールがなかったら打ち方が悪いのです。

## 早打ちはダメ

練習場ではボールが次から次へと出てきて、どんどん打てますが、それにつられて打っていると、自然とタイミングが早くなってきます。高いボール代を払っているのですから、1球1球スイングをチェックして大切に打ちたいものです。1球打ったら2回素振りをして打つぐらいがいちばん練習になります。

タイミングが早いとスイングも狂ってきます。特にテークバックは「ハエが留まるように」と言われていますが、練習場ではこれぐらいは心掛けたいものです。

## 目的を持って精神集中

もうひとつは、精神を集中して練習することです。漫然だらりと練習していても無駄な時間を費やすばかりです。練習する時は真剣勝負。コースに出たつもりで、どこに打って行くのか目印をしっかり決めてそこに向かって打ちます。コースでは「ボールをどこに落とすか」ボールの行く先を絶えず真剣に考えています。練習場でもコースと同じ感覚で打つのです。

このように何らかの目的を持って集中して練習すると上達が早くなります。

36　イメージトレーニング

# きれいなスイングを自分の頭に描いて

## かっこいいスイング

ゴルフスイングは、人から見ても「きれいなスイングだなあ」とか「格好いいなあ」と言われるようなスイングができるようになりたいものです。そのためには、できるだけたくさん良いスイングを見て、頭の中にイメージしてそれをまねることです。

プロの試合を見に行くとか、テレビ中継を見るとか、レッスンビデオを見るとか、ゴルフ雑誌のグラビアなど、参考になるものは身近にたくさんあります。そのスイングのまねをすればいいのです。

練習場でも、他の人の打っているのを見ると「自然なスイングをしているな」「力が入りすぎているな」「変なスイングをしているな」「あっ、これは俺より下手だな」とか、自分のスイングはさておき、他人のスイングの良し悪しはよく分かるものです。

「人の振り見て自分のスイングのチェック」をするのもひとつの練習方法です。

## 頭の中にベストスイングをイメージ

フォームが良くなるということは、スイングが良くなるということです。スイングが良くなるということは、ボールも正しく飛んで行くということです。

自分の頭の中に自分の華麗なスイングをイメージして、その通りのスイングになるように心がけて振ればいいのです。

このためには、まず自分の頭の中に「ベストスイングのイメージ」を持たないとどうしようもありません。「自分はこういうスイングをするのだ」というイメージをしっかり持って1球1球練習をするのです。鏡に自分のフォームを映して振って見るのもいいでしょう。

基本に忠実なスイングづくりが一番です。

日頃からこのイメージトレーニングを実行していると、あなたも華麗なスイングができる日が必ずきます。

米沢藩の上杉鷹山は次のように言っています。

なせば成る　なさねば成らぬ何事も
成らぬは人の　なさぬなりけり

## 37　目的を持って練習しよう

### 大いに練習場で試行錯誤を行うべき

**たくさんのひらめき**

仕事でも何でもそうですが、自分の今やっていることについて、絶えず関心と問題意識を持つことが大切です。絶えず考えることによって、そこに「ひらめき」も出て、良い方法が見つかります。うまくなる過程では、たくさんのひらめきを経験します。ひらめきのないゴルフには、上達もありません。

練習場で、ただ漫然とボールを打っていたのでは何の進歩もありません。「今日はどこをチェックして、こういう練習をしよう」とその日の課題を持ち、1球1球、丁寧に打つことが大切です。そしてボールが曲がったら「なぜ曲がったのか」を考え「では、こういう感じで振ってみよう。そうしたらボールはどう飛んで行くのか」を見極めるのです。

いろいろ試行錯誤してボールが真っ直ぐ、自分の思うように飛んで行くまでチェックします。これが練習です。これをコースで行っていたら、スコアはまとまりません。練習場でこそできる試行錯誤を大いに行うべきです。練習場で数多く打っていると素晴らしいボールが出る時がありますこの時の振り方、力の入れ方の感触を思い出し、それと同じことを繰り返すのです。それを体で覚え込むまで打ち続けると、いつでもそのボールが打てるようになります。

時には自分でわざと曲げるボールを打って、自分の思うように曲がったかを見るのも面白いものです。思うように曲げられて思うような球筋が打てるようになったらしめたものです。練習場ではそこまでできるのです。

## メモの効用

コースに出た時は、練習場でのいつもの気持ち（平常心）で、とにかく力いっぱいプレーをすることを心掛けます。ボールが少し曲がっても曲がりを直すのは、試行錯誤のできる練習場でやることだと心得ていた方がいいでしょう。

そして、その日のプレーや練習を振り返って、「どこが良かった」「どこがいけなかった」のかということを反省するのも大切です。それをしっかりメモしておき、次の練習に生かすことを続けていたら、あなたもすぐシングルになれるかもしれません。

「現状を認識し、目的を持って弱いところを補強する」これが上達の秘訣です。仕事もゴルフも同じです。

## 38　6畳一間でドライバーが振れるか

### 姿見の鏡を置きチェックしながら

**ドラム缶スイング**

イメージトレーニングとして「ドラム缶スイング」というのがあります。これはスイングするときに、ドラム缶に入って振るように軸をしっかりして振るということです。軸をしっかりしていれば、クラブを振ったときの遠心力がヘッドの先まで伝ってボールも遠くに飛ぶのです。

本当にドラム缶の中に入って練習するわけにはいきませんので、軸を動かさずクラブが振れるようになるための練習方法として、6畳一間でのスイング練習があります。しかし、室内ではいろいろ制約されますので、物を壊さないよう要注意です。

まず部屋の中心に立ち、クラブを持って構えます。ゆっくり普通にテークバックしながらクラブを動かしてみます。右の壁にヘッドが当たらないよう（50センチは余裕を）徐々に上げ、トップの位置に来た時は、天井や電気のかさに当たらないようにします。同じように左の壁までの距離を確認します。あまり後ろに下がり過ぎない注意も必要です。

それができたら構えた時のクラブの先端のヘッドの位置（想定ボールの位置）を確定します。そしてそのヘッドの位置にティーを差し込むなどして印を付けます。

この印に合わせて、上下左右の空間の対角線を斜めに利用してゆっくり振ってみます。体の回転とコックの使い方、そしてヘッド軌道がプレーン上を、常に正しく動いていないと壁とか天井にヘッドが当たってしまいます。

## 対角線をプレーンに

一番注意するのはテークバックからトップの時の天井、電気のかさ、そしてダウンスイングの時のダフリです。最初はゆっくり振り、どこにも当たらないという自信が付いたら徐々に早く振るようにします。対角線を利用しますので意外と振れるものです。

部屋の中の素振りですので、ボールの行方など気にしなくて気楽に基本の型だけのスイングを心掛けます。これでフルスイングができるようになったら、ボールの飛びも違ってきます。前に姿見の大きな鏡を置き、スイングのチェックをしながら振ればより効果があります。私は今でも、毎日朝晩30回ずつ鏡の前で振っています。

これは部屋に余裕があり、自信のある人だけのお勧めです。タンスの端やドアーなどにはプロテクターでもあった方がいいかもしれません。くれぐれも室内を壊さないように。

## 39　ゴルフ練習場によっても上達が違う

## コースと同じ打ち方ができる場所で

### 練習場シングル

練習場には、距離の長い所もあれば短い所もあります。また、設備も近代的で自動ティーアップの所もあれば、一つひとつマットの上に置いて打つ所もあります。できるだけコースと同じ打ち方ができる練習場がベターです。

ドライバーはティーアップして打ちますので、打席の造りは下が人工芝でも土でも何でもいいのですが、アイアンの場合は、できるだけ芝とか、土の上から打てるような自然の造りの方がベターです。

アイアンの打ち方は、円の最下点より少し手前でボールに当てますので、ヘッドがボールに当たったら必ず前のマットを激しくこすっていきます。ダフリは禁物なのですが、下がラバーや人工芝の練習場では、ダフってもヘッドを跳ね返して滑ってくれますので、勢いよくボールは飛んで行ってくれます。これはダフってボールが少しマットから跳ね上がったところにヘッドが通り、ちょうどクラブの芯に当たるためです。実際のコースではザックリで、10メートルぐらいしか飛ばないボールです。

よく練習場ではうまく打てたのに、コースに出るとさっぱりということがあると思いますが、これはまさにこのマットのせいです。ダフって打っていてもボールは真っ直ぐ素晴らしいボールが飛んで行くので、良いボールが打てたと勘違いして「よし、これだ」と思い、その打ち方・フォームでスイングを固めてしまうのです。これが一番危ないのです。

## 土の上の練習

マットでのアイアン練習では、ボールをマットの一番前に置きます。クラブヘッドをマットに触れる前に、直接ボールの後ろ側面（右半分の下の方）に当てて、その後にマットの前方をかすめ、前の土をえぐるように打つのが正しいアイアンの練習方法です。ボールは低く飛び出し次第に上がって行きます。

これができる練習場としては、土の上に直接1枚のアイアンマットを置いて打てるのが条件です。

最近は近代的施設が増え、土の上から打てる昔からの練習場は少なくなりました。今は河川敷の練習場か、コースに付帯している練習場ぐらいでしょう。

# 40　練習場でのアイアンの打ち方

## 「一球入魂」の言葉をかみしめて

### ダウンブローはやさしい

アイアンではスイング円の最下点の前にボールに当てるのが正しい打ち方ですが、「ボールを打つのは最下点が一番良いのでは」という意見もあります。最下点で絶えず打てる自信があればそれでもよいかもしれませんが、一般のアマチュアで、毎スイングとも最下点一点で打つというのは、大変難しい技術となります。サイボーグでもない限り、至難の業です。

アイアンはピン（目標）を狙うクラブであり、方向が狂ったのではどうしようもありません。クラブヘッドをボールに当てるには、最下点一点よりも、下に向かってクラブが動いている時にボールを押さえつけるように打つ方がやさしくなります。ボールに向かってつぶすように当てるだけでいいのです。これがつぶし打ち（ダウンブロー）と言われる打ち方です。このように打つとボールは低く出て方向も安定しますし、グッグッと上に上ってストンと落ちて転がりの少ない安全なボールとなります。アイアンはピンに寄せるクラブですので、できるだけやさしく安全な方がベターなのです。また、この打ち方では、風にも負けない力強い球が打てます。

**やっぱりヘッド（頭）**

打ち方にもいろいろあり、上手な人は上手なりに打っていますし、下手な人は下手なりに打っています。上手な人は、やはり真っ直ぐ曲がらない打ち方で打っています。

ゴルフも我流ではなく、上手なものを見、まねをし、上手なスイングと自分のスイングとはどこが違うのかを知ることが大切です。その上でこれまでに経験したいろいろのこと考えながら1球1球打つ練習をすることです。そしてその1球1球の打った感触、ボールの飛んで行く結果を自分の第六感に植え付けるのです。

「一球入魂」という言葉があります。自分で上手になろうという意識で、正しい打ち方ができる条件を揃えて1球1球をかみしめて打つべきです。

## 41　練習場での狙い所

### 実戦的なイメージで効率よく……

**実戦をイメージ**

ゴルフの練習といっても、やみくもにたくさんボールを打てば良いというものでもありません。華麗なスイングで実戦をイメージして練習することが大切です。コースではボールの落ちる場所を決め、その目標に向かって打っています。

練習場でも同じように、ボールの落ちる場所を想定して打つのです。何球打っても自分の思いどおりの球筋で、思いどおりの所に毎回落ちるようになればしめたものです。

その目標の取り方（決め方）ですが、距離の長い練習場ではボールの落ちる場所がありますが、距離の短い所では先のネットにすぐボールが当たってしまいます。

このように落ちる所がない練習場では、正面のネットに当てる場所を決めます。正面のネットはだいたい何本かのポール（鉄塔）でネットを支えています。つまり狙い所としては、ひとつにはポール（鉄塔）そのもの、もうひとつはポールとポールの間のネットが張ってあるところの2つがあります。

アイアンのようにピンを直接狙うものはボールを狙い、ドライバーのようにとにかく遠くにできるだけフェアウエーを外さないというものは、ボールとボールの間を狙います。どのボールを狙うかは、その時の打席位置によって決めればいいのです。

また、狙う高さも重要です。先までのネットの距離にもよりますが、上段、中段、下段に分け、クラブなりの正しい球筋で当たる場所を想定し、その高さにボールが集中するようにします。

練習場としては、自分の打った球筋が最後まで見ることができる、できるだけ距離が長い所がベターです。

## 感触と軌跡を頭に焼きつけ

せっかく練習に行くのですから、「真っ直ぐ飛んだ時はどういう感じで打ったのか」「右に曲がった時はどういう打ち方をしていたか」など、1球1球打った時の感触とボールの行方（飛び方）が一致するように、イメージを頭の中に焼き付けましょう。ボールの行方を見るには、夜間照明がある時が一番です。夕方の太陽が沈んで1時間ぐらいの間の薄暗い時は、いちばんボールが見えにくくなりますので、なるべく避けた方がいいでしょう。練習場選びも上達のひとつです。練習場でも実戦的なイメージで、効率の良い練習をすべきです。

## 42　ドライバーでのドローの打ち方

# 「右肩を止めて左腕で打つ」こと

### クローズスタンス

ドライバーでドローボールがコントロールよく打てるようになれば、飛距離が稼げます。

練習場でドローを打とうとする時は、狙いを正面から右2つ目ぐらいのポールを狙って振ります。ボールは狙ったポールの方に出て、正面のポールに返ってくるように打つ練習をするということです。

打ち方は、まず正面のポールに向かって正しく構え、そのまま右足を半足後ろ（背中の方）に下げ、体を正面から右2つ目ぐらいのポールに向けます。この時、腰、肩もしっかり右2つ目に向いていることが大切です（つまりクローズスタンス）。

そしてクラブを持ち直し再度セットアップします。その時、クラブフェイスのみを正面のポール（目標）に向けます（フェイスがかぶった型）。

ここで重要なのは、フェイスを正面に向ける時には、必ずグリップから手を離してクラブを握り替えることです。最初に構えた時のままのグリップで、フェイスだけ向けてもフックボールは打てません。

気持ちは金づちスイングをイメージし、振り抜きをしっかりするようにします。「体は右2つ目ボールに向け、クラブフェイスは正面ボール」がポイントです。

## 仮想ボールを打つ

この形から実際のボールより1個分右に、仮想ボールを想定します。そして仮想ボールの先に実際のボールがありますので、タイミング的には少しヘッドが返った状態でヒッティングすることとなります。

この時大切なのは、しっかりヘッドを走らせることです。右肩が突っ込んだらバナナボールのドフックが出ますし、また、打ちにいってグリップの位置がボールより先になると、ヘッドが遅れ右に出ることがあります。

打った感覚によりボールがどのように飛んで行くかによって、曲がり方の微妙な調整も必要です。

「クローズスタンスにして、金づちスイングで、右肩を止めて、左腕で右2つめのボールに向けてしっかり振り切る」これがコツです。

## 43　フェアウエーを目いっぱい使う

# ドライバーのドロー打ちを覚えて

### 常に同じ方向に曲がる打ち方

ゴルフのボールというのは、右に行ったり左に行ったりですが、それがいつも一定の方向に行くようになると、ゴルフはやさしくなります。フェード打ちの人は右に曲がるばかり、ドロー打ちの人は左に曲がるばかりのボールが絶えず打てればということです。ただし、「ド」が付いたり、「こすり球」となったりしてはいけません。

例えば、ドロー打ちを身に付け、フェアウエーの右端を狙って打てば、曲がってもフェアウエー全部の幅だけ余裕があります。それに右を狙って力いっぱいヘッドを走らせることができるので距離も稼げます。ヘッドを走らせすぎてフックが少し多く出ても余裕があるということです。

### フェアウエーを2倍に使う

真っ直ぐしか打てない人は、ど真ん中を狙いますので左右のフェアウエーの余裕は半分です。また、逆に左には絶対に行かない打ち方（フェードが確実に打てる）なら、フェアウエーの左端を狙って打てばフェアウエー全体が使えることとなります。経験の浅い人はスライスが多いものですが、この場合のスライスはこすり球の場合がほとんどですので、左に向いたらますます右にスライスが大きくなる時がありますので要注意です。これは体の向きと、打つ意識が合っていないためそうなるのです。

ドライバーは、ドローで距離を出し、アイアンはフェードで安全にというのがゴルフの定石です。

皆さんもドライバーのドロー打ちを覚えて、フェアウエーを目いっぱい使って力強いゴルフを楽しんでください。

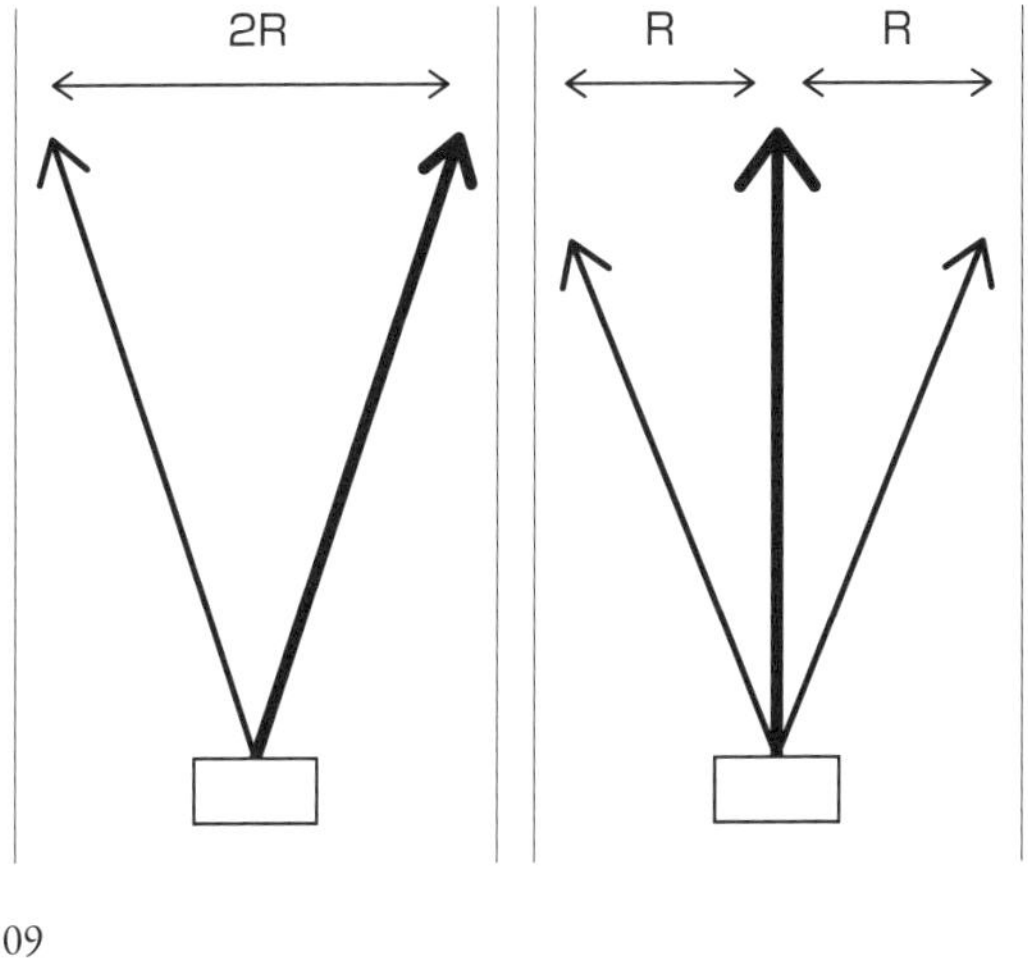

# 第五章　粋への品格

## 44　風はくせもの

### 風の吹く方向や力によって影響

**雨にも負けず風にも負けず**

ゴルフは自然の条件の中で行うスポーツです。雨や風の中でのプレーは気の進まない方が多いのではないかと思います。私も嫌いです。ゴルフはメンタルなスポーツと言われており、気分的に嫌な時はやる気が起きないというのが現実です。しかし、大切なゴルフコンペの場合など、雨風に負けないようにプレーすることが必要な時もあります。

**風は雨よりも大敵**

雨の場合は飛距離が全体的に落ちます。これは雨により地面が軟らかくなって、ボールが落ちてもラン（転がり）がないこと、また、飛んでいる時でも上からの雨粒によって回転も落ち、下へも叩きつけられるからです。

風の場合はボールが流され左右に曲がります。向かい風で吹き戻されることもあります。風ぐらいではボールは曲がらないだろうと思ったら大間違いです。風を侮ってはいけません。

雨の場合は距離が落ちるだけですが、風の場合は吹く方向や力によって、左右への曲がりの大きさや飛び方が違ってきます。この判断が雨の場合より難しいのです。

## 風に流される

ゴルフボールというのは回転して飛んでいますので、風には意外と大きく影響を受けます。風の日に打つ時は「この風の強さだったらどれぐらい影響を受けるか」を瞬時に判断して打たなければなりません。

プロがフェアウエーの枯れ芝をむしってポンと上に投げるのを見たことがあると思います。プロはこれにより、風の方向と強さを判断しているのです。

アマチュアの方もよくまねをしますが、果たして的確に判断しているかどうかは不明です。どうせやるならかっこよくやりましょう。

## 45　風の判断

# 「低い球が打てるかどうか」がカギ

**風の方向**

風について判断する時は、まず、どちらの方向から吹いているかを確認します。「アゲンスト（前からの向かい風）か」「フォロー（後ろからの追い風）か」「サイド（横風）か」。投げ上げた枯れ芝が「後ろに向かって流れるか」「前に流れるか」「横か」です。

**風の強さ**

もうひとつは、どれぐらいの強さかという判断です。投げ上げた枯れ芝が、真下に落ちる時は風がほとんどありません。また、50センチの範囲内に落ちるようなら微風で、ほとんど影響はないと判断します。これが1メートルを超えるようだったら要注意です。

このような時は、ワンクラブ違うクラブで打つ方がベターです。

また、投げ上げた草が地面と平行に持って行かれるような強風なら、２クラブ以上のものを選んだ方が良いでしょう。たかが風と思うかもしれませんが、意外とボールに勢いがなくなるとボールも軽くなり、風に持って行かれることが多くなります。

## 風の下をくぐらせる

向かい風が強風で、どんなクラブを持っても間に合わない時があります。このような時はできるだけ低い球を打って転がすのが賢明です。

打ち方も、風の時はできるだけボールに回転をかけないことです。回転がかかっていると風の力と一緒（相乗効果）になって、どんどん大きく曲がります。回転をかけないためには、打つ瞬間に力を入れないことです。

## 上空の風

そしてもうひとつ重要なことは、打つ場所だけでなく飛んでいる途中の方が風の影響を多く受けるということです。山のゴルフコースなどに行くと、打つ所は無風でも上空は強風ということがよくあります。

また、風は巻いていることもあり、どちらから吹いているのか分からない時もあります。

風対策としては、低い球が打てるかどうかです。

## 46　ボールは風まかせ

# ３地点をしっかり観察してから

**打つ場所の風**

コースで風が吹いていたら、打つ場所、狙い所、飛ぶ途中の３点の確認が大切です。

打つ場所については、前回、その場で枯れ芝を投げ上げて判断するのだという話をしました。

実際に打つ場合は、できるだけ風が少ない時を選んで打ちましょう。構えていると風は意外と気になるものです。

**狙い所の風**

次はボールが落ちる場所の確認です。例えば、グリーンを狙う時は、ピンの旗が揺れているかどうか（風があるかないか）、その揺れ方はどれぐらいか（強さ）、どちらに向かって旗がなびいているか（方角）、そして、ピンの棒は真っ直ぐ立っているか、風でしなっていないか（強風か微風か）を確認します。グリーン上の旗（ピン）ひとつを見てこれぐらいの判断をしなくてはいけません。

ボールの落ちる所がフェアウエーなら、その近くの樹木を見て同じ確認をします。

## 飛球途中の風

もうひとつは、打つ場所と狙った所との間の風です。これは大変難しいのですが、だいたいどこのコースでも樹木が植えられていますので、その樹木のなびき具合を見ます。木がよじれるほど吹いていれば強風、枝が少し動いているぐらいなら微風と思えばいいでしょう。

また、大きな樹木が密集して、塀の中にいるような林間コースで高く上げてビッグボールを打とうとするときは、上空の風に持って行かれることもありますので要注意です。

## 3つの地点

このように風の中で打つ時は、ボールの飛ぶ3地点の風をしっかり観察することが必要です。それによって総合的に判断し打つクラブを決めます。

また、風は気まぐれなもので、吹いたりやんだりすることがあります。打ったら急に突風が出たという時もあるのです。風は気ままなものです。「風が吹いていたら1番手違うクラブで打つ」というような気持ちで、後は「風」まかせで打ちましょう。

## 47　子供のゴルフに学ぶ

### 自然体にクラブを振ることが大切

**クラブに振られる**

子供のスイングを見ていると、身体が柔らかく、トップは少しオーバー気味で、肩もよく回っているし、クラブの重さを利用し遠心力にまかせてスムーズに大変合理的に振っています。時々、ヘッドが重いせいか、振り遅れて右の方に真っ直ぐ飛んだりしますが、総体的にはクラブの重さにまかせた、うまくクラブに振られているスイングと言えるものです。

やはり、ゴルフは自然にクラブを振ることが大切です。自然にクラブを振るということは、スイングは円運動ですので、子供のように遠心力をうまく利用して、ヘッドを走らせることです。力で振ろうとしても力だけではゴルフボールは飛びません。

**ゴルフは力じゃない**

「ゴルフは力じゃないよ」とよく言われますが、力がある者が飛ぶのだったら、お相撲さんの方が私より飛ばないといけないことになります。

ある程度の力がゴルフでは必要かもしれませんが、まず技（遠心力をいかに利用するか）があり、その上でそれに力が加わってヘッドが走り、ボールが飛ぶのです。肩や腕に力の入ったガチガチのスイングでは飛びません。

女性は相対的に非力な人が多いのですが、宮里藍ちゃんのように小柄でも、250ヤードを越えるショットを打つ人はたくさんいます。これも体を柔らかく使い、クラブの遠心力をうまく利用しているからです。

子供の練習を見ているとクラブに振られているようですが、ヒッティングの時はうまく腕を返して真っ直ぐ前方に伸ばし、タイミングよく打っています。

子供のゴルフにも学ぶことはたくさんあります。

## 48　遠心力の利用

# 重いクラブの素振り練習で感覚をつかめ

### クラブヘッドを引く感じ

ゴルフのスイングは「振り上げて下ろすだけだ」と言いますが、前回の子供のスイングは、そのあたりの極意をよくわきまえています。

練習する時「クラブに振られるように」、そして遠心力で遠くに離れようとするヘッドを「ぐっと引くような感じ」ができるようになったらよく飛ぶようになります。素振りの練習の時は、それを意識して練習をすることです。

まずフルスイングする前にウオーミングアップとして、力を抜いてクラブを左右に連続して振り、振り子のように遠心力により振られる感覚を身に付けます。

そしてフルスイングの練習では、遠心力の中心はのど（肩と肩の間の首の付け根）の所にありますので、中心は動かさずに、グリップもヘソの前で止める気持ちで、後は惰性でヘッドを前（打つ方向）に放り出し、ヘッドが遠くなるのを手前にグッと引く感じでフィニッシュします。

これが上手にできるようになると、左足の前から腰の高さにかけてビューンという音が聞こえます。この練習により、ヘッドが走る感覚と、ヘッドの走らせ方がよく分かるようになります。

**野球バットの効果**

最近のチタンヘッドは軽いせいか、両腕でクラブをひょいと上げてひょいと打つ人がいますが、これでは全く飛びません。当てるだけとなります。クラブは力を入れて振るのではなく、中心軸をしっかりして、クラブに振られる感覚が必要です。このためには重いクラブでの素振りとか、ヘッドに少し重りを付けて振るとかの練習もいいでしょう。

私は今でも、重い野球バットを毎日振っています。振られる感覚を身に付けて、そのタイミングで軽いクラブを振ると、よりヘッドが走る感覚が分かります。

## 49　筋肉にも性格がある

## 自らを短距離型か長距離型か見極めて

### スポーツ特性

ゴルフは「飛ばなきゃおもしろくない」と言う人もいますし、「上がってなんぼ」と言う人もいます。ゴルフプレーのスタイルにはいろいろあります。力のある人もいれば、そうでない人もいます。自分の力に合わせてできるのがゴルフです。

ゴルフボールはできるだけ遠くに正確に飛んだ方が良いのですが、力任せに打ってもボールは飛びません。これはどのスポーツでも同じことですが、スポーツには、そのスポーツの種類によって力の入れ方、筋肉の使い方が違います。

持久力が必要なものと、瞬発的に力を発揮しなければいけないものがあります（スポーツの特性）。この持久力を支える筋肉と瞬発力を出す筋肉とは違うものです。筋肉の骨格筋繊維の種類には「赤筋繊維」と「白筋繊維」があり、赤筋繊維は、収縮速度は遅いが疲労しにくい（疲労耐性が大きい）特性を持っており、持続力が必要な動作に適しています。

対照的に、白筋繊維は収縮速度が速く瞬発力がありますが疲労しやすい特性を持っています。どちらの筋肉を多く持っているかは人によって違い、先天的なものです。これらをわきまえると、その人の個性を伸ばすときの参考となります。

## 自分の筋肉に合ったゴルフ

ゴルフでは、その人その人の筋肉の付き具合いや性格によりゴルフスタイルが違って当然です。ガンガン力で飛ばして勝負していく人と、あまり飛ばないがコツコツと確実にフェアウエーをキープして、じっくりパーを拾っていく人がいます。それぞれ筋肉の使い方が違うのです。自分の筋肉特性に合ったゴルフをすると、スコアも良くなります。

白筋繊維の多い人（瞬発力のある人）が、ゆっくりしたゴルフをしていたのではタイミングが合いません。反対に赤筋繊維の多い人（持続性のある人）が、飛ばしてやろうと力んでドライバーを振り回してもどうにもなりません。白筋繊維の多い人は飛ばすことを心掛けて練習し、赤筋繊維の多い人はじっくりショートゲームで決着をつけるように、アプローチかパターを専門に練習する方がいいでしょう。

一般的に陸上競技の短距離型と長距離型が比較されます。自分はどちらのタイプの筋肉の持ち主かということを知って練習に役立ててください。

## 50　ゴルフにおける目の役割

# タイガー・ウッズも驚く目の手術の効用

### 目からの判断

ゴルフでは打つ距離を目測し、打ったボールがどこに飛んで行くかを見ておかなければいけません。また、グリーン上では転がり方を自分の目によって判断しなければなりません。目はゴルフでは重要な役割を持っています。

人間の判断は、自分の目から入る視覚情報を頭の中にインプットさせ、入ってきたデータを基に頭のコンピューターがフル回転し判断を下します。最初に目から入るインプットが間違っていたら、いくら良いコンピューター（頭）でも、出す結論（判断）を間違ってしまいます。

### 頭と目

もちろん頭のコンピューターも正しくなければいけません。自分のアイアンの番手ごとの飛距離など、基礎データ蓄積が必要になります。これは練習によって蓄積されるものですので、練習での重要な課題のひとつです。例えば、「7番アイアンは140ヤード」「5番アイアンなら160ヤード」というように自分の各クラブの飛ぶ距離を知ることです。

そしてピンまでの距離を自分の目で正確に測り、それに合わせて打つクラブを頭の中でコンピューターが決めるのです。

## カップがバケツに見える

それともうひとつ、グリーン上での芝の読み方に目が大きな役割をします。ボールからカップに向かっての微妙なアンジュレーションを見て、これだったらボールは「どう曲がるか」「曲がり具合は」「転がりの速さはどれぐらいか」などを判断します。

メガネをかけた方などで、左右の目の見え方が違うと、高低差も違って見えます。

タイガー・ウッズは目のレーザー手術を受け、「カップがバケツのように大きく見えた」と表現して優勝しています。

## 51　打ち直しは平常心

# ＯＢボールは捜してもＯＢ

### 落ちた所に目印

打ったのはいいが「アッ、アッ、ア〜ッ」とＯＢ方向や林の中にボールが消えて行くことがよくあります。

「ＯＢへ入ったかな、入らなかったかな」という時は、ボールの行く先をしっかり見てボールが消えた場所の目印を覚えておくことです。「だいたいあのあたり」ではだめなのです。ボールの消えた所は「何番目の木の下」とか「バンカー手前ラフ」など、何か確実に存在する「物」を覚えるようにしましょう。

だいたい人は良い方に考えるもので、「あのあたりに行ったら何とか残っているだろう」と現地に行ってみると、嫌な予感が的中して打ち直しのため、前に打った所まで戻らなければならなくなる時があります。元の位置に戻ると、後ろの組は「ＯＢでしたか。ごくろうさん」と声を掛けてくれます。しかし、慌てて走って来ているので息もハアハア、かっこ悪さもあり「どうも」と言うのが精いっぱいです。

## 人の不幸を喜ばれる

こういうときに日ごろの口の悪い仲間が後ろのパーティだったりすると最悪です。「おっ、またやったか。ボールは持っている？　そのひとつだけでは足らんぞ。いくらでもあるから貸してやっからな。ワッハッハッ」

親切そうに人の不幸を喜ばれてしまいます。頭にきて打ったら思うつぼで「ハイ、またサヨウナラ」と言わせることとなります。この時は深呼吸でもして、「皆の見ている前で、かっこよく飛ばしてやろう」と思わずに平常心で打つことです。

## ボール捜しはセーフのエリア

また、ボールを捜すときは「この辺りだったのだけどな」とOBより内側を捜すのならいいのですが、時々OB杭の外を懸命に捜す人がいます。OBとなってしまったものはどうしようもありません。値段の高いニューボールだったのかもしれませんが、OBは捜してもOBです。ボールを捜すのはセーフのエリアを捜すことにしましょう。

ゴルフには諦めも肝心です。

## 52　判断は自分の責任

# 人に頼らず自分の腕を磨け

### 距離の目印

ゴルフコースでは、グリーンまでの距離を示す何らかの目印があります。だいたい小さな樹木で表示されていて、100ヤード、150ヤード、(200ヤード)と植えられているのが普通です。フェアウエーに距離を書いた印が埋め込まれているところもあります。

この距離の目印は、一般的にはグリーン中央までですが、グリーンエッジ(手前の縁)までのところもあります。初めてのコースではこれを頼りに残りの距離を判断します。表示にも甘い所、目いっぱいの所とあり、実際のプレーではキャディーさんに聞くことが多くなります。コースをよく知っているキャディーさんと一緒になって、距離を正確に教えてくれた日のスコアは本当に良いものです。こうなると距離の判断はすべてキャディーさん任せになることが多くなります。

しかし、キャディーさんに「140ヤードしっかりあります」と言われて、自分のアイアンの距離から「それなら7番アイアンだ」と自信を持って打ったのはいいが、大きくオーバーしたときなどは、それ以降キャディーさんの言うことは信用できなくなり、苦しいゴルフが続くことになります。

## 結果責任は自分にあり

ゴルフは「自分自身との闘いのスポーツ」「自然との闘いのスポーツ」です。キャディーさんは、正式に認められた助言者なので頼りにすることはいいのですが、その結果責任はすべて自分にあります。できるだけキャディーさんに頼らず、自分自身で判断する癖をつけましょう。

自分のゴルフがうまくいかなくてキャディーさんに当たり散らす人もいますが、これにも困ったものです。プロという賞金稼ぎが自分の専属キャディーを雇ってと言うのなら別ですが、自分の腕の下手なのを棚に上げて、人のせいにするのは品格が疑われます。

もともとゴルフは自分とコースとの闘いなのですから、まず自分の腕を磨いて、自分ですべてジャッジ（判断）すればよく、すべきものなのです。

自分が納得して決めたことについては、人間あきらめもつきますが、中途半端に人に頼るから相手のせいにしたくなるのです。

ゴルフでは、決断はプレーヤーが行い、その全責任はプレーヤーにあります。

53　ゴルフクラブ14本の役割

# 自分の番手ごとの飛距離を知る

## 人によって違う役割

ゴルフは14本（以内）の道具を使ってゲームをするスポーツです。この14本を「いかに上手に使うことができるか」ということがスコアに影響します。得意なクラブがあれば、苦手なクラブもあります。長いものから短いものまで、それぞれに違った役割があります。また、飛び方、飛ぶ距離も違います。

自分の番手ごとの飛距離をしっかり知っていなければいけません。例えば残り135ヤードの時、私は普通（風が吹いてなく、ライの良いとき）8番アイアンを使います。皆さんは何番でしょうか。「私はピッチングだよ」と言う人もいるでしょうし、「7番だよ」と言う人もいるでしょう。その人その人によってクラブの役割は違うのです。この「距離の役割」「使う場所での役割」をクラブごとにしっかりと決めておくと即断即決の役に立ちます。

## クラブに役割分担を持たせる

ちなみに私の飛距離とクラブの役割をお教えしましょう（下表参照）。飛距離と役割はこんなものです。

とにかく遠くまで飛ばそうと飛距離を重視するもの、グリーンに乗せるもの、ピンを直接狙うものと役割もさまざまです。

また、グリーン周りでは、決まったクラブ（専用のサンドウエッジ）を使います。

皆さんも14本のクラブに、自分に合った役割分担を持たせてやりましょう。

| クラブ | 飛距離（ヤード） | 役　割 |
|---|---|---|
| ドライバー | 250 | とにかく飛ばすクラブ |
| 3番ウッド | 220 | とにかく飛ばすクラブ |
| 5番ウッド | 210 | グリーン近くに運ぶクラブ |
| ユーティリティ | 190 | グリーン近くに運ぶクラブ |
| 4番アイアン | 180 | グリーン近くに運ぶクラブ |
| 5番アイアン | 165 | グリーンに乗せるクラブ |
| 6番アイアン | 155 | グリーンに乗せるクラブ |
| 7番アイアン | 145 | グリーンに乗せるクラブ |
| 8番アイアン | 135 | グリーンに乗せるクラブ |
| 9番アイアン | 125 | ピンに寄せるクラブ |
| ピッチング | 110 | ピンに寄せるクラブ |
| サンドウエッジ1 | 100 | ピンに寄せるクラブ |
| サンドウエッジ2<br>（バンカー、グリーン回り専用。60°） | 80以下 | バンカーから出すクラブ<br>ホールに入れるまたはOK<br>パットに寄せるクラブ |
| パター | | ホールに入れるクラブ |

## 54　ゴルフ10段階意識進化論「楽しさいっぱいから悟りのゴルフへ」

### あなたは何段階？

**人それぞれに思いが違う**

ゴルフを何十年もやっているベテランもいれば、つい先日からクラブを握ったという人、また、「ゴルフとはなんぞや」ということが分からない人もいます。そういう人たちも一様に思っていることは、「ゴルフが上手になりたい」「ボールを思うように遠くに飛ばしたい」ということですが、人それぞれに微妙にいろいろ思いは違います。

ゴルフに対する考え方・意識の違いは、上手になるに従って次第に変わっていきます。ゴルフに対する考え方・意識の進化を10段階に分けて見ました。あなたはどこでしょう。

**第1段階（まだゴルフの「ゴ」の字が分からない）**

・ゴルフなんか止まっているボールを打つのだから簡単なものだ。

**第2段階（何とか人並みにゴルフをしたい）**

・とにかくクラブに当ってくれればいい。
・前に行けばいい。
・何で曲がるんだ。

**第3段階（ちょっとゴルフが面白くなった）**

・ドライバーでガンガン飛ばそう。
・とにかく飛ばしが勝負。

**第4段階（少し守りになる）**

・OBでなければいい。
・フェアウエーならいい。

**第5段階（スコアを気にするようになる）**

・グリーンに乗せるべきアイアンが大切。
・飛ばしだけではない。

**第6段階（どうすればスコアが良くなるかが少し分かるようになる）**

・グリーンが勝負だ。
・ゴルフは寄せだ。

**第7段階（ある程度スコアをまとめられるようになり、その上を狙う）**

・上がってなんぼだ。
・技が7割だ。
・上手な人とやらないとうまくなれない。

**第8段階（悟りが少し出てくる）**

・次打の距離を考えて打つ。
・グリーンの打ちやすい所に乗せる。
・やっぱりドライバーが飛ばないとスコアが良くならない。

**第9段階（技術は最高。メンタルがゴルフを左右するようになる）**

・ゴルフの技は3割だ。
・精神集中が一番だ。

**第10段階（ゴルフを達観する）**

・ゴルフは奥が深い。

# 第六章　あるがままの品格

## 55　ゴルフの大原則「あるがままにプレーせよ」

## 「自然との闘い」と自らの技術

### ゴルフは審判不在のスポーツ

どんなスポーツにも同じ条件で競い合うために、ルールがあります。ゴルフにも同じくルールがあり、それに加えて厳しいエチケットもあります。

なぜ厳しいエチケットかと言いますと、ゴルフは審判のいないスポーツだからです。自分自身が審判員なのです。そのため自分でルールをよく熟知しておかなければいけませんし、ゴルフ特有のエチケットを守らないと、ほかのプレーヤーに迷惑がかかったり嫌われたりします。

ゴルフにもルール集はありますが、ゴルフは技術の方が先行しルールはあまり読まれていないのが現実です。ゴルフのルールは実際にコースを回る時に先輩などから教えてもらうことが多いものです。しかし、いつも親切な先輩がついていてくれるとは限りません。自分自身で判断しなければならない場面が多く出てきます。私の知人はゴルフルール集をいつもゴルフバッグの中に入れています。プロゴルファーの資格試験では、もちろん技術の試験はありますが、ルールなどの筆記試験もあります。時たま、技術試験には合格したが、筆記試験が合格とならずに再試験ということも聞きます。技術が上手だからといってプロになれるわけではありません。これまでゴルフに関していろいろのことを話してきましたが、これからはゴルフをするのに守らなければならない最低限のルール、エチケットについてお話しします。

## 手の5番、足のサンドウエッジ

ゴルフというのは「あるがままにプレーする」というのが大原則です。ティーショットを打ってからホールアウトまで、プレー途中ではボールを手で触ったり、足でけったりしてはいけません。

また、ゴルフプレーは、自然と親しむとともに自然との闘いのスポーツです。プレーの途中ではいろいろの運不運が起こります。

「ゴルフは確率のゲームだ」とも言われます。「技3、運7」と言う人もいれば、「技7、運3」だと言う人もいます。それぞれに自分を基準にして自分の実力に合った言い方をしています。

自然がもたらした運不運は自分に課せられた試練であると思って、自分の技術で克服するというのがゴルフです。ゴルフは「自然との闘い」なのです。安易に「手の5番」「足のサンドウエッジ」を使って確率を上げてはいけません。

## 56　ゴルフは自然との闘い

### 罰打と無罰

**自己責任には罰を、人為的なことには無罰**

ゴルフは「あるがままにプレーする」が大原則ですが、しかし、そうは言っても、あるがままではプレーすることが不可能な状態もしばしば起こります。このような場合にはボールを打てるようにするための救済措置を受けることができます。その救済措置（救済ルール）には、罰が付く場合と、罰が付かない場合があります。

①「自然」がもたらしたものによって、プレー不能に陥った時は「罰」を加えて救済します。例えば、OB、ウオーターハザード、アンプレアブル、紛失球などです。

②「人為的（他の動物も含む）」な物によってプレー不能に陥った時は、本人の責めによらないものとして「無罰」で救済できます。例えば、人工物、修理地、モグラの穴、アスファルト道路にボールがかかった時などです。

この①と②を比較してみると、①はプレーヤーが自然との闘いにおいて自己に責任がある場合であり、②は人工的に作られたもののためにプレーができなくなったという、プレーヤーに責任があるのではなく、むしろプレーヤーに同情しなければならない場合です。

このように「あるがまま」をやみくもに強行しようとするものではなく、ゴルフが「自然との闘いである」というところから、自然のものについては自己責任として罰を、人為的なものについては無罰で救済を行っているのです。

## 6インチルールは邪道

ゴルフのボールは、同じフェアウェーにあっても、打ちやすい所、打ちにくい所といろいろあります。ゴルフの大原則はあるがままですので、いくら打ちにくくてもそのまま打つべきですが、プライベートコンペなどでは別に打てない状況でもないのに、勝手にボールを動かし打ちやすい所に置いて打っていいですよという「6インチルール」を作ってコンペをすることがあります。やっぱり打ちやすい所ばかりで打っているとスコアもよくなるのは当たり前です。

これはゴルフ場が芝の保護とか、初心者のプレー進行のために便宜上設けていたものが、広がったもので、ゴルフの大原則からは邪道です。

皆さんは上手になろうと思ったら、大原則に従ってプレーの途中ではボールには一切手を触れずに「あるがままの状態で自然と闘うこと」をお薦めします。

## 57　打って入れるまでの4つの基本原則

### 「インプレーの球」の状態を考える

**インプレーの球**

ゴルフというのは、1つの球を遠くにあるホール（穴）にいかに少なく打って入れるかを競うゲームです。

ティーショットをした球を「インプレーの球」と言います。つまりティーショットをすると直ちにインプレーの球となり、ホールアウトするまでインプレーの状態が続くこととなります。

しかし、途中でOBになるなどして球が紛失した時は、別の球に取り替えなければプレーを続行できません。この場合は、別の球をドロップして再開しますが、ドロップしたその時点から取り替えた別の球がインプレーの球となります。

ゴルフは、このティーショットからホールに入れるまでを1単位（1ホール）にして、それを繰り返します。

## 4つの基本原則

インプレーの球の状態（1ホールのプレー中）には、次の4つの基本原則があります。
①1つの球をプレーする原則
②ストロークの連続性の原則
③あるがままにプレーせよの原則
④ホールアウトの原則
ゴルフというゲームの約束事は、この4つからなっていますが、この4つの原則に反すると、ゴルフとは言えなくなり、ただの「球転がし」としかなりません。

スポーツはやって良いこと、やって悪いことがあり、それに基づいて（ルールを守って）競い合うことができるから面白いのです。ところが、こういう約束事がなくなると、面白くも楽しくもなくなるのがスポーツというものです。

## 真っ向勝負

また、スポーツにはひとつの励みがあります。その励みというのは「同じ条件でいかにうまくなるか、他の人より勝てるか」ということです。同一条件、同一ルールで真っ向勝負するから競争意識が生まれ、楽しさが倍増するのです。これがスポーツです。

# 58　1つの球でプレー

## 「正球」を打ち続けるのが基本

ゴルフのプレーには4つの原則があるという話をしましたが、それぞれについて説明していきましょう。

### 1つの球をプレーする原則

ティーインググラウンドから第1打、つまりティーショットをし、それに用いた球を次々にストローク（打つ）してホールに入れる（ホールアウト）まで、1つの球を使用しなければなりません。この使用中の球をそのプレーヤーの「正球（インプレーの球）」と言います。正球は1つのホールのプレー中には規則が許す場合を除いて、取り替えることはできません。

球を取り替えることができるのは、①球が紛失したとき、②アンプレアブル（木の根っこなどで打てないなど）となったとき、③OBの球となったとき、④球をすぐ取り戻せないとき（池に入ったとか）、⑤プレーに適さなくなったとき（球が割れたとか）、⑥雷雨等で中断されたとき、などです。

なお、①から④は罰打が付きますが、⑤と⑥は無罰です。

この「1つの球をプレーする原則」に反した球は「誤球」であり、例えば、間違って他人の球を打った時などは「誤球のプレー」となります。プレーの時は、自分の球かどうかを確かめることが必要です。このために自分の球に独自の印（マーク）を付けることをお勧めします。タイガーウッズも新しい球を使う時は必ずペンで印を付けています。

## ストロークの連続性の原則

ティーショットしてからホールアウトまで、球が止まった所からあるがままの状態で、連続して打って行かなければなりません。これがストロークの連続性の原則です。

しかし、OB、紛失球などの場合は、球の落ちた所と違う場所から打つこととなり、不連続となります。このような場合は、規則に従って罰打を科すという救済措置を講ずることによってストロークが連続したとみなします。

意識的にボールを動かすなど不連続となるプレーは反則です。

打ちやすいように動かして打つ「6インチあり」も、球の止まった所から打っていないので正規のルールでは「誤所からのプレー」となり罰が付きます。

## 59　ＯＫパットも1打

### 正規のルールにのっとって

前回は、1つの球をプレーする原則、ストロークの連続性の原則の話をしました。ここでは残り2つの原則の話をします。

**あるがままにプレーせよの原則**

止まった球を打ちやすいように動かして打っていたら、ゴルフのスコアが良くなるのは当たり前です。ゴルフではプレー中の球は、あるがままの状態でプレーしなければならず、球を意識的に正規のストローク以外で動かしてはならないのはもちろん、触れるのも禁じられ、さらに言えば無意識にも偶然にも動かしてはいけないこととなっています。

例えば、プレーした球が木の根っこに止まっていて打てない場合でも、「アンプレアブル」という罰打を科す救済措置を受けなければ、動かしてはいけないのです。もちろんキャディーさんなどにも改善させてはいけません。

改善禁止の場所は、次の通りです。

①自分の球の位置または球のライ
②意図するスイングの区域
③自分のプレーの線
④球をドロップまたはプレーすべき場所

## ホールアウトの原則

ゴルフゲームの終了は、必ず球をホール（カップ）に入れて終わりです。「OKパットあり」とか言って、最後の1打を当然入るものとして打たなくてもOKだとする仲間内のゴルフもありますが、これは正規のルールではありません。公式戦では通用しませんので、間違わないようにしましょう。当然「OK」は1打となります。

仲間内で終わってスコアを確認していると、ところどころ1打少ないところがあります。そんなとき「OKパットも足した？」と聞くと「OKは〝OK〟なんだからいいでしょう」と堂々と主張する人もいます。この人の言い分も分からないでもありませんが、ゴルフは最後までカップインしなければいけないことを知らないだけなのです。

ゴルフの最後は必ずカップに入れて上がりです。

## 60 パーシステム

# 「基準打数」を競う競技

### 基準打数

ゴルフ競技というのは「上がってなんぼ」と言われるように、いくつの打数でホールアウトするかを競うゲームです。

ゴルフコースは、一般的に18ホールからなっていますが、それぞれのホールに基準打数（パー＝ＰＡＲ）が設けられ、それを合計したら普通72打となるように造られています。つまりゴルフゲームはパー（基準打数）を競う競技で、パー72のコースを72打で回ったら「パープレー」と言います。この基準打数を前提に、少ない場合をアンダーパー、超えるとオーバーパーとなります。

「パー」は、練達したプレーヤーならそのホールを通常の天候（雨とか雪とかでない）の下でミスしないプレーを前提とし、また思わぬ幸運・不運もなく、グリーン上でのパットは２打と計算して、そのホールで当然出せる打数となっています。

### 3種類のホール

普通、パー3（スリー）、パー4（フォー）、パー5（ファイブ）と3つの種類のホールがあり、それぞれ日本ではショートホール、ミドルホール、ロングホールと呼んでいます。

パーと距離の関係は、左の表のようになっています。これは距離のみで見たものですが、コースというのは山あり谷あり丘あり池ありで、この距離だけでなく、地形、ハザードなどで難しくも易しくもなっています。

| 基準打数 | 呼び名 | 青マーク | 赤マーク |
|---|---|---|---|
| パー3 | ショートホール | 250ヤードまで | 210ヤードまで |
| パー4 | ミドルホール | 251～470ヤードまで | 211～400ヤード |
| パー5 | ロングホール | 471ヤード以上 | 401ヤード以上 |

## 61　ハンディキャップの歴史

## 競走馬の斤量から採用

### **同等に戦えるハンディ**

　ゲームでは絶えず上手な方が勝っていたのでは戦う意欲はなくなります。そこでゴルフにも技術的に上手な人でも下手な人でも一緒にプレーして同等に戦えるように、ハンディキャップを付けることがあります。

　ゴルフのハンディキャップは、17世紀の英国で流行していた競馬から名付けられたものです。当時の競走馬で早い馬に他の馬より重たい斤量を背負わせることを「ハンディキャップ」と呼んでいました。このアイデアをゴルフにも取り入れたものです。これによりゴルフの普及が格段に拡がっていきました。

　ゴルフのハンディキャップの付け方には、当初から①距離による調節法として、力量により20〜50ヤードの差を設けたティーイングラウンドを使用するという、現在のフロントティー、レギュラーティー、バックティーの起源となるもの、②クラブの本数を制限するもの、③ゴルフ場の実力ナンバーワンプレーヤーを基準に他のメンバーを査定するもの、などがありました。

プライベートなゴルフでは、それぞれに楽しむためにいろいろの方法でハンディキャップを付けています。この自前で付けたハンディキャップは他では通用しませんので、全国共通のハンディキャップとしてＪＧＡ（日本ゴルフ協会）がＪＧＡハンディキャップを査定しています。これが今ではオフィシャルハンディキャップとして使われています。

ＪＧＡに加盟しているゴルフ倶楽部、そしてＰＧＳ（日本パブリックゴルフ場事業協会）に加盟しているゴルフ倶楽部、都道府県ゴルフ競技団体に所属する会員やＪＧＡ個人会員がこのハンディキャップを取得することができます。

## オフィシャルハンディで公式戦に

このハンディキャップを取得していると、全国どこのゴルフ場に行っても通用しますし、いろいろの公式のゴルフ競技大会にそのハンディキャップで参加資格を得られます。

例えば、日本オープンゴルフ選手権競技にアマチュアとして参加したい時にはＪＧＡハンディキャップ6・4以下の実力のある者とか、日本アマチュアゴルフ選手権競技にはＪＧＡハンディキャップ9・4以下でないと出場できないとか、ＪＧＡなどが主催する公式ゴルフ競技の参加資格の条件として、このＪＧＡハンディキャップが活用されています。

62　ハンディキャップの楽しみ

## 誰とでも同等に戦える

### スクラッチプレーヤー

ゴルフコースは、パー3のショートホールが4ホール、パー4のミドルホールが10ホール、パー5のロングホールが4ホールの合計18ホール、パー72（基準打数）となっているのが一般的です。

ハンディキャップは、できるだけゴルフをする人全員が、この基準打数に近づくように付けられます。

簡単に言うと、18ホール、パー72を基準にして、72打で回れる人はハンディキャップ0（スクラッチプレーヤー）ということになります。82打で回る人はハンディキャップ10、92打で回る人はハンディキャップ20ということです。

このハンディキャップには、オフィシャルハンディキャップとプライベートハンディキャップがあります。オフィシャルハンディキャップは前回も話しましたが、ＪＧＡ（日本ゴルフ協会）と各ゴルフ倶楽部が独自に認定したハンディキャップのことを言います。

## ハンディキャップは上達のバロメーター

プライベートハンディキャップは、文字どおり仲間内で決めたハンディキャップで、そのゴルフ仲間だけで通用します。不特定多数の人が参加するゴルフコンペなどのときにハンディキャップを付ける方法としては、隠しホールを設けてその日のプレーが終わるまで誰が勝つか、誰にも計算できないようなダブルペリア方式とか、キャロウエー方式などがあります。

特に、オフィシャルハンディキャップを持たない者同士がプレーをして勝ち負けを決めるには最適の方法であり、ゴルフの楽しみ方のひとつとされています。

このようにハンディキャップを付けることにより、誰とでも同等に戦えるのがゴルフの面白いところです。

また、ハンディキャップは、ゴルフの実力を評価した数字であり、上達のバロメーターでもあります。

## 63　シングルの格

# ゴルファーのステータス

### 実力を示すハンディキャップ

ゴルフのハンディキャップは、ゴルフの上手な人でも下手な人でも対等にゲームを楽しむためのものですが、もうひとつの意味は、その人のゴルフの実力を数字で表すものとも言えます。

一般的にサラリーマンゴルファーはシングルプレーヤーになるのがあこがれであり目標です。シングルプレーヤーとは、ハンディキャップが9以下（1桁の数字）の人を言います。

「シングルハンディキャップ」は、ゴルファーにとってはステータスであり、サラリーマンにとっては自慢の種となり、仕事の上でも一目置かれます。ハンディキャップとは「ゴルフの価値観を数量で表したものである」と言った人もいます。

同じシングルでもハンディキャップが9の人と7の人とでは格が違いますし、5以下の人は別格という感じです。また、0の人を「スクラッチプレーヤー」、0よりまだ上手な人のハンディキャップを「プラスハンディキャップ（＋2とか＋3とか）」と言います。ここまでくればもうプロと同じです。

ゴルフ上達の目安として、このハンディキャップをできるだけ少なくするように努力しているのが分かると思います。

## ゴルフの壁

ゴルフの上達の過程では「壁」というものがあります。例えば、「100の壁」「90の壁」、シングル直前の「80の壁」。別にちょうどいい区切りの数字だから壁ということではないのですが、不思議とゴルフではそういう節目の数字のところが壁になっています。これもゴルフのメンタルなところかもしれません。

また、シングルになってからは一打一打が壁になります。一打一打の重みは、ハンディキャップ20とか30でプレーしていた時と10倍も20倍も違います。

シングルハンディキャップは、サラリーマンにとってはあこがれですが、サラリーマンでもたくさんの人がシングルプレーヤーとなっています。

要は努力次第、ゴルフに対する考え方次第です。

このようにハンディキャップが、ゴルフを一層親しみやすく、楽しいものにしてくれています。皆さんも早くシングルになられることを期待します。

## 64　コースレート

# 各ホールの難易度の合計

### 全く同じコースはない

ゴルフコースは、18ホール・パー72が一般的な基準打数となっていますが、ご存じのように、長いコースもあれば、短いコースもあり、河川敷のようなフラットなコースから、山あり谷ありの難コース、バンカーや池が多いコースといろいろあります。

日本全国にたくさんのゴルフコースがありますが、1つとして全く同じというコースはありません。ということは、それぞれのコースによって易しいコースと難しいコースがあるということが言えます。そこでこの基準打数とは別に、そのコースの難易度を示したものを「コースレート」と言います。

### コースの難易度

もう少し詳しく説明しますと、例えば、パー3では一般的に距離は250ヤードまでとされていますが、250ヤード目いっぱいのパー3もあれば、短い100ヤードそこそこのパー3もあります。250ヤードのパー3では、ドライバーでも普通のアマチュアゴルファーでは届かないし、3回でホールに入れるのは至難の業でしょう。

このようなホールは難しいので、パーは3でも難易度は3に0・5を加えて3・5とかという具合になります。

一方、100ヤードの方は、ショートアイアンで打てますし、少し当たり損なってもグリーンのそばまで行き、うまくいったら2打で入れられる確率も多くなります。そうするとこのホールではパーは3だが、易しいから3より少なく難易度は2・8とかということになるのです。

## パー72が74・5や68・5に

この3・5とか2・8がそのホールの難易度として示されたもので、各ホールの難易度を足したものが、コース全体のコースレートとなります。このコースレートが基準打数の72より多いもの、例えばコースレートが74・5となれば大変難しいコースということになりますし、逆に68・5は易しいコースということとなります。

## 65　ハンディキャップの決め方

### コースレートを基に算定

#### コースレートは査定委員が査定

前回はゴルフコースの難易度を示すものとして、コースレートがあることをお話ししました。それでは、このコースレートはどのようにして決められるのでしょうか。

これはＪＧＡ（日本ゴルフ協会）が指定したトップアマチュアのコースレート査定委員が、実際にゴルフコースを回って査定して決めているものです。この査定委員は自分の力量やその日の出来ではなく、完全な理論上のスクラッチプレーヤー（ハンディキャップ０）の立場に立って、距離を主として難しさ易しさを考慮して査定します。

#### 距離レート

まず、実際に査定委員がコースをラウンドして実測距離に高低差やコースの曲がり具合などを加味し修正を加え、査定距離を出します。

例えば、ドッグレッグのコースでも、ショートカットにより実測距離より短くなる場合や、逆に遠回りしなければならなくて距離が長くなる場合もあります。

そして、この査定距離を基に「距離レート」を算出します。

## 難易の評価度

さらに、地形やバンカー、グリーンの難しさなど各項目を10点満点で評価した難しさ易しさの「難易の評価度」を数値化します。

距離レートに、この難易の評価度を加えた（減じた）ものがコースレートになります。

## オフィシャルハンディはコースレートを取得したコースでの成績から

このようにしてコースレートが決まります。このコースレートを基に、JGAのオフィシャルハンディキャップは決められています。

このハンディキャップ取得には、コースレートの査定を受けているゴルフコースでプレーしたスコアカード10枚以上の提出（同伴競技者の署名〔アテスト〕のあるもの）が必要です。有効期間は2年です。その中の最近の10枚から成績の良い方の5枚を選び算出されます。このため成績の良い時期、悪い時期により、オフィシャルハンディキャップは変動します。

# 第七章　プレーの品格

## 66　ゴルフの格式と伝統

### ジーパンなどでは立ち入り禁止

**サラリーマン3大必修条件にゴルフ**

ひと昔前までは、①お酒、②カラオケ、③マージャンが、サラリーマンの3大必修条件だった時代がありました。

最近はマージャンに代わって、ゴルフをする人が増えてきました。

私も以前はマージャンもやっていましたが、煙もうもうの狭い部屋で長時間座って、頭だけ回転させるという健康には決して良くないゲームだと悟り、今はやめています。

また、マージャンは同じ4人でも勝っている人と負けている人がおり、勝つまでやるという人にも付き合わなければなりません。

それに代わりゴルフは、新鮮な空気の下で森林浴ができ、体を十分動かし、1日約10キロ以上を歩き、サラリーマンのストレス解消にはもってこいのスポーツです。

しかし、そういうゴルフブームを反映してか、全くゴルフというゲームを知らずにコースに出るという人もいるようになりました。これはいただけません。

## 厳しいエチケット

ゴルフにも、当然、ルールもマナーもあります。

ゴルフというのは、自分の成績を自己申告するスポーツですし、エチケットには特にうるさく、名門と言われるゴルフ場では、入場の際はブレザー着用を義務づけています。また、プレーは「丸首シャツではダメ」とか、「半ズボンのときは必ずハイソックスを履きなさい」と注意を呼びかけています。

5つ星の有名レストランで「ネクタイを締めてきてください」というのと同じです。これもゴルフがスコットランドから伝わった格式と伝統を重んじるスポーツの名残です。

決してジーパンなどでゴルフコースには行かないようにしてください。あなたの品格が問われます。

## 67　ゴルフの礼儀

### マナーを守り、正々堂々と

**ゴルフは性善説の上に成り立つ**

ゴルフは4人で1日中一緒にプレーするゲームであり、そこではおのずとエチケットやマナー、ルールを守らなければいけません。

普通のスポーツでは、ルールを守っているかどうかを判定する審判員がいますが、ゴルフの場合はプレーヤー自身が審判員となります。自分が審判で判断するのだから、独断と偏見で何をやってもよいというわけではなく、「ゴルフを行う者は、ルールに従って厳格に自己診断できるものである」という性善説の上に成り立った紳士淑女のスポーツなのです。

OBに入ったボールを、手の5番を使ったり、足のサンドウエッジでけ飛ばしたりしてセーフにしてはいけません。なんとか友達よりスコアを良くしようと思って、打数を少なく数えたり、打ちづらい所にボールが止まっていると、キョロキョロと辺りを見回しちょっと失敬とけ飛ばしたり、という気持ちはよく分かりますが、審判は自分自身です。ルール違反はいけません。

いけないことをするのは誰でも気が引けるものです。そういうことをしていると、スコアもますます悪くなるのがオチです。何か気になることがあったら思うようにはいかないのがゴルフなのです。

## 正々堂々のゴルフ

また、ゴルフはメンタルなスポーツと言われています。プレーは「雨にも負けず風にも負けず」ですが、スコアは「そうはいかず」です。雨とか風とか、前夜のお酒をスコアが悪い理由にするのが常ですが、上手な人はそんな自然環境には関係なく、普段通りのスコアで回ってきます。日ごろの修練が大切なのです。

エチケットやマナー、ルールをよく守り、自分に打ち勝ち、正々堂々がゴルフの神髄なのです。

いつも楽しいゴルフができるよう心掛けましょう。

## 68　自分にしてほしくないことは人にもダメ

### 日ごろのライフスタイルと同じ

**エチケットがプレーの安全を守る**

ゴルフでは「他人の権利を認識し、尊重しなければならない」と言われています。どこの世界でも同じですが、相手が嫌がることはしてはいけないのです。

ゴルフのエチケットは単に上品にプレーすることではなく、それを守らないと他の人のプレーの妨げになり、時には身に危険を及ぼすようなことにもなりかねないのです。いわば「プレーの安全を守るのがエチケットだ」と言ってもよいでしょう。ゴルフプレーを楽しむには技術の良い悪いに関係なく、まずこのエチケットを守ることが先決です。

特に初心者には、プレーの経験が少ないだけに「何がどの程度他人のプレーに影響するのか」、それが「どの程度嫌がられるか」「どれぐらいの危険性があるか」ということが、まだよくのみ込めていません。というのは、初心者は自分のプレーだけで精いっぱいで、他人のことなど考えている暇もないし、注意も行き届かないのです。

しかし、プレーの安全に影響がある限り、最低限必要なエチケットは知っておかなければなりません。自分だけならまだしも、他人にけがでもさせて「初めてコースに出たのでそのようなことは知りませんでした」では済まされません。

## 最初の教えが肝心

よく「この人に最初にゴルフを教えた人は誰だろう」と思うことがあります。誰でも最初は無知なのです。その人に最初に教えた人の教育が問題です。

ゴルフとは、「ただボールを転がして穴に入れるゲーム」ではなく、「エチケットを重んじる格式の高いスポーツである」ということを最初に教えないから、品格のないゴルファーが多くなるのです。

スロープレーなども、一旦、フェアウエーに出るとプレーはマイペースでできるので、誰かが最初に教えておかないと「どこにも誰にも悪いことをした覚えがない」のでやっかいなのです。「鉄は熱いうちに打て」と言いますし、「雀百まで踊り忘れず」ということわざもあります。これは「雀が死ぬまで飛び跳ね歩く習性があるのと同様に、人も若いころ身に付いた習慣は年をとっても改めにくい」ということです。

ゴルフも日ごろのライフスタイルと同じです。

## 69　クラブは凶器

# 自分の周囲を確認して

### クラブは鉄の塊

ゴルフコースに出たら、周り構わずどこでもクラブを振り回す人がいます。クラブは鉄でできており、それが人に当たったらたまったものではありません。暴漢撃退用にゴルフクラブを使うこともあるぐらいです。

クラブを振るときは、周りに人がいないかどうかをよく確認して振る必要があります。またコースによっては一定の場所以外、素振りを禁止としています。クラブを振ったら地球を叩く（ダフル）ことがままありますし、地球を叩いたらその反動で土とか石ころが前に向かって飛んで行きます。

人が前にいたらその人の方向に向かってはクラブを振らないのがエチケットです。絶対ダフらないようにと思っても、何かの拍子にざっくりということがあります。事実、人の振っている前に立つと危なっかしくておれたものではありません。

皆さんもクラブを振っている人の前に立ってご覧なさい。いくら上手な人の前でも「これはヤバイな」と危険を感じるはずです。

私の友達でクラブを持った人の後ろにいたら、急に前の人がクラブを振りだし、バックスイングしたそのクラブが顔の眉間に当たり、数針縫ったという人もいます。「目に当たらなくて良かった」とか言っていましたが、眉間でも命にかかわる問題です。

## 安全確認

クラブを振るときは、特に前後には十分確認してからにしましょう。もちろん、人ではなく、スイング途中に木があったり障害物があったりしてクラブが当たり、木を傷付けたりクラブが折れても困ります。

振るときは最初から力を入れて振るのではなく、「大丈夫かな、何も当たらないかな」とゆっくり振ってみて、「よし大丈夫、振れるな」という安全確認をしてそれから練習スイングをすべきです。もちろんティーインググラウンドの上は、素振りをする場所ではありません。

## 70　ゴルフボールも当たれば痛い

## お互いに打ち込まない配慮を

### 自分の飛距離を知る

ゴルフボールは当たると意外に痛いものです。手の高さから自分の足の甲に自然にボールを落下させてみてください。想像だけで結構です。本当にやると痛くて多分甲が腫れあがりケガをすることとなります。これをゴルフクラブで打つのですからすごい勢いでボールは飛び出します。こんなのが当たったら大変なことです。

ゴルフというのは、４人ずつ順番にスタートして行きます。前のパーティに向かって打ちますので、絶対安全な所まで行ったことを確かめて、次のパーティは打ちます。

打っていいか、まだなのか分からなかったら、キャディーさんに聞いてＯＫを得てから打ちますが、最終責任は自分です。

「まあ大丈夫だろう」と思って打ったら、そういう時に限りそれまで出たことのないような素晴らしい当たりが出ることがあります。絶対安全のために、自分のクラブの飛距離を知っておくことも大切です。

パー5のロングホールなどで、第2打がグリーン近くまで届いて、パットをしていた人を驚かせたということがあります。届かなくても相手のプレーの邪魔をしてはいけません。

また、間違えてグリーンに乗ったら、皆から「すごい」と言われるかもしれませんが、祝福される方がいいか、相手にケガをさせる方がいいかよく考えて見てください。最近のクラブとボールはよく飛ぶように作られています。あなただって可能性があるかもしれないのです。

誤って近くまで打ち込んだ時には、人には当たっていなくても、必ず次のホールなどで一緒になった際には、「すみません」の一言を言うのが礼儀です。

## ノロノロプレーは危険がいっぱい

また、前を行っている人は、後ろから絶えず見られていますので、ノロノロとプレーをしていてはいけません。

「前は遅いな。打ち込んで驚かせてやれ」とわざと打ち込んでくるマナー違反を平気でする意地悪な人もいるかもしれません。

ボールが当たって痛い目を見るのは、自分なのですから、プレーはキビキビとやりましょう。お互いに迷惑をかけないようにプレーするのがゴルフです。

## 71　名誉あるオナー

# 「たかがオナー」「されどオナー」

### 上手な人が一番手

ゴルフは一般的に1パーティ4人で18ホールを回ります。各ホールのティーインググラウンドでは、4人のうち誰が最初に打つかの順番を決める必要があります。各ホールのティーイングクラウンドで一番先にティーショットをする権利を有する人を「オナー」と言います。「オナー」は誰よりも最初に打てる「名誉ある権利、栄誉」なのです。

最初のホールでは順番の入った棒での抽選やジャンケン、コインなどで「オナー」を決めますが、次のホールからは、前のホールの打数が最も少なかった者がオナーとなります。

そのために各ホールでのティーショットは、一般的には上手な順番に打つことが多くなります。しかし、下手な人でもスタートホールでは運がよければ、誰でもオナーになれますし、ゴルフは確率のゲームですので、18ホールをプレーしていると順番はいろいろ入れ替わります。最初の抽選に負けたら、「ああ、今日もオナーが回ってこないか」と諦める人がいますが、まだまだ始まったばかりです。あと17ホールあるのですから、回っていると上手な人でもしくじってくれ、まぐれにでも皆より一番良いスコアの時もあります。この時は「オナーを取った」ことになるのです。

## オナーを取ったら大騒ぎ

そしてオナーを取った時は大きな声で「オナーを取ったぞ」と言い触らすことです。上手な人は「オナーを取られたか、しまったな」と思っているところに、相手に大声でそれを言われたら、「よし取り返してやろう」と力みが出て、またミスもしてくれます。駆け引きもゴルフの面白いところです。

うっかりオナーを間違えて先に打とうものなら、「せっかくオナーを取ったのに」とカンカンに怒る人もいます。「たかがオナー」と思うのですが、「されどオナー」なのです。ゴルフではオナーは名誉あるプライドのある権利です。一度取ったら仲間に取り返されないようにしっかり守り、いつも一番に打つのは気持ちのいいものです。最初に打つということは、自分の打つ前に変なショットを見なくてすみますし、自分のペースで打つことができます。

オナーのことを「オーナー」と発音する人がいますが、オナーは「Ｈｏｎｏｒ（名誉、敬意）」で、「Ｏｗｎｅｒ（所有者）」とは違います。

## 72　打とうとしている人の邪魔をしない

# プレーヤーの前後に要注意

**打つ時は精神集中**

ゴルフは、たまに仲間が集まってワイワイガヤガヤ、日ごろのうっぷん晴らしをしながらプレーするのが楽しみのひとつです。

しかし、久しぶりに会ったからといっても、ゴルフのプレー中は、ワイワイガヤガヤしていい時と悪い時があります。ゴルフは人が打とうとしている時は、他の者は静かにし、打つ人の精神集中の邪魔をしないようにするのがエチケットです。

**人の打つ時は動かない**

誰かがアドレスしたら、「シー」と言って動かないことです。特に、素振りの「ブンブン」という風を切る音は独特の音でリズムがあり、弱いようでもよく聞こえます。「相手の目障りになるような動きとか音」を出さないことです。

## 打つ人の前に出ない

当然、2打目、3打目を打つ時もそうです。近くにいる時は一緒に止まってその人が打ち終わるのを待ちます。歩いていてもその時は止まって動きません。もちろんフェアウエーでは、打つ人より前に行ったら危険です。

打つ人は自分のボールが真っ直ぐピンに向かって行くと信じて打つわけですが、たまにシャンクとかで真横に行くこともあります。人が前にいると打ちづらくもなります。

プレーをする人には、お互いに迷惑をかけないようにするのが原則です。

## パッティングではボールラインの延長線上は前も後ろも視野に入る

グリーン上では、構えた人はボールを見るため下を向いていますが、意外と周りがよく見えるものです。

打つ人の視野に入るような位置に立っていてはいけません。

「この人の打ったボールはどのように転がるのだろうか」と参考にしたいのは分かりますが、前と後ろはボールの転がる延長線上ですので禁物です。グリーンの外でもカップの向こうに人が立っていると本当に気になるものです。

もちろん、動きも「打つ体勢に入ったな」と思ったら静止画像です。

## 73　スロープレーは嫌われる

# プレーヤーは迅速にすべき

**すべての人のためにプレーは迅速に**

いろいろな人のゴルフを見ていると、ゆっくりのんびり歩いたり、構えてから打つまで何回も何回も素振りをしたり、ワッグルを繰り返したり、プレーがノロノロと遅い人がいます。こういう人を見ているとイライラするものです。ゴルフルールでは、「すべての人のためにプレーヤーは迅速にすべきである」としており、公式競技では遅いとペナルティーを付けられます。

外国のプロゴルファーで、S・ガルシアという人がいますが、このガルシアが打つ前にリグリップ（グリップを握り直す動き）を10回以上も繰り返し行い、スロープレーで話題となったことがあります。その時、アメリカではスロープレー対策として遅いと「最高1万ドルの罰金を課す」と規則改正したほどです。

ゴルフルールでは不当の遅延に対しては罰打がつきます。プロのトーナメントや日本アマの大会などでは、1ショットにプレーヤーがかけられる時間は40秒と定められています。ただし、ティーショットのオナーやセカンドショットのファーストプレーヤーは、更に20秒が加えられます。このようにプロやトップアマの世界でもスロープレーは敬遠されています。

## スロープレーは上司でも注意を

困ったことにはスロープレーヤーは「自分のプレーが遅い」という自覚がないことです。特にサラリーマンのゴルフコンペでは、決断と行動の遅い上司と一緒になったら大変です。「マナーの悪い人にはどんどん注意しましょう」と言っても、やっぱりサラリーマンは上司に注意するのは難しいのが現実です。しかし、その時は勇気を持って注意してあげた方が、その上司のためにもなります。どこに行っても同じスロープレーをしていたのでは、その人の品格が疑われます。

ゴルフは「決断のスポーツ」と言われています。「この人はグズグズしているな」ということになると、「決断力がなく仕事は大丈夫かな」といらぬ勘繰りをされかねません。「スロープレーヤーは、ゴルファーの恥であるとともに罪悪だ」と言った人もいるほどです。

スロープレーをなくすには、打つ場所にたどり着くまでに、ボールはどういう状態にあるかをよく観察し、着いたら迷うことなく打てるようにするのが一番です。しかし、がむしゃらに早く打つのではなく、全体のプレーのペースを乱さないようにすればいいのです。

## 74　打ち込み厳禁

# ゴルフの安全は自己防衛から

### 左右、指差し確認

最近のゴルフクラブは400ccを超えた大型ヘッドも出現し、性能がよく、よく飛ぶクラブが多くなりました。またゴルフボールも日進月歩で飛ぶようになっています。

ドライバーは木の素材のパーシモン時代と全く違い、「あそこまでは行かないだろう」と思って軽く振ると、打ち込んでしまったりすることがあります。昨今はしっかり安全確認をして打つことが重要になってきています。

前方のプレーヤーが、ボールの届く範囲から完全に去って安全を確認してから打たなければいけません。しかし、あまり打つのが遅く前の組と距離が空いたら、「スロープレーだ」と言われかねません。自分の最高に飛んだ時の飛距離に、プラスして20ヤードぐらい先に前の組が行ったら打つ、と決めておいたらいいでしょう。

200ヤード先でも、ゴルフボールがキャリーで当たったら、頭も陥没します。あっちこっちから「フォアー」という声が、頻繁に聞かれるようなゴルフ場がありますが、あまりこういうゴルフ場には行かない方が身のためです。自分がそういう痛い目に遭わないように注意するということも必要です。

隣のホールにボールを捜しに行く時は、人が打っていないかどうかをよく確かめて大丈夫なことを確認し、相手に「すみませ～ん」と合図して了解を取って入って行きます。それでも「もしも」という気配りをし、見通しの悪い交差点で左右を確認して車を出す要領で、指差し確認をしてからそろりそろりと行くべきです。ボールがどんな場所にあるのかはあらかじめ確認できていますので、打つクラブも決め、ボールの所に行ったらモタモタせずにサッサッと打ちます。もともと他人の芝生なのです。

## ピンを立てたらサッサと逃げる

グリーン上でも、ホールアウトしたら、スコアカードをその場で付けるなどしないで、サッサとグリーンの外に出なければいけません。後ろの組は、今か今かとグリーンが空くのを待っていて、旗が立つのが見えたらすぐ打ってきます。

ゴルフの安全は、相手に対して危なくしないということと同時に、自己防衛もしないといけません。

## 75　地球は柔らか肌

### コースを傷付けたら修復を

**ディボットを直すのはプレーの公平のためのエチケット**

ゴルフコースは、ゴルフクラブという鉄製の棒を振り回す所であり、そういう意味ではフェアウエーはどこも柔肌でできているようなものです。1日に何百人というプレーヤーがコースを回ります。鉄製の棒（クラブ）で傷を付けたら修復しておかないと、後から回る人はたまったものではありません。

ティーインググラウンドは2メートルぐらいの幅の同じ場所から、その日のプレーヤーが全員打ちますので、特に傷みやすい所です。フェアウエーでも綺麗な芝だから傷付けないようにと思っても、ざっくりということがありますし、草履ぐらいの芝（ターフ）を取るのがゴルフ上手だと思って、思い切り地球に向かって力を発揮する人もいます。どんな時でも取れた芝は元の位置に戻して踏みつけて平らにしておきましょう。

これは芝を元の位置に戻して生き返らせると思っている人がいるかもしれませんが、そういう意味ではなく、後から来るプレーヤーに同じ条件でプレーをしてもらうためのエチケットなのです。

皆さんも経験したことがあると思いますが、そのままにしてある大きな穴（「ディボット」と言います）の所に自分のボールが入り、打ちづらくて1打損をしたということもあるのではないかと思います。あるがままで打つのがゴルフなら、打ち終わったら地球もあるがまま（あったまま）に戻してあげましょう。

## バンカーはできるだけ足跡を少なく

バンカーショットでは砂が入っているので足跡や打った跡が付きます。この跡をならすために、レーキというT字型の棒がそばに置いてあります。このレーキで打った跡や足跡を平らに直します。

また、バンカーに入るときは、ボールに近くてグリーンから遠い方の低い所から入り、出るときは入った所から出て、できるだけ砂に跡を付ける範囲を少なくします。

ゴルフは同じコースを同じ条件でプレーして技を競い合うものです。自分がコースの一部を変えたときは、後からプレーする人達にも同じ条件で回れるよう元通りに直しておくのがフェアプレーの精神です。

## 76　グリーンが命

# 最終仕上げの一番大切な所

### ゴルフ場の料金はグリーン使用料

ゴルフで最後の仕上げとなるグリーン上は、一番傷付きやすく敏感な所です。ゴルフプレー料金も「グリーンフィー」によって決められているように、「グリーンを使う」ことでゴルフ場の主たる料金を払っています。

グリーンはボールを転がす所ですので、柔らかいじゅうたんのような芝となっています。傷も付きやすく、ボールが直接落ちれば表面は陥没し穴（「ボールマーク」と言います）となります。その上をボールが通るとそこで方向が変化します。自分の作ったボールの跡は自分で責任を持って直しましょう。

このボールマークは致し方のない傷ですが、時たまゴルフシューズのスパイクを引きずって歩く人がいます。これをグリーン上でやると、グリーンに何本かの引っかき傷（「スパイクマーク」と言います）ができます。

グリーン上では決してスパイクは引きずってはいけません。ボールマークは自然の出来事によるものですので打つ前に直せますが、このスパイクマークは意識的に作られたものですのでいくら邪魔になっても、プレー前には直してはいけません。直したら反則です。直すのは、そのホールのプレーが終わった後でパターなどで上から押さえて修復しておきます。

## グリーン上はゆっくりと

また、ボールを入れる時にはピンを抜きますが、カップの周りはボールが全方向から転がって入る道ですので、傷が付かないように特に注意します。

そして、抜いたピンは乱暴にグリーン上に投げないようにし、できるだけピンを抜いたら持っておくようにしましょう。置く時は、グリーン外に置きましょう。プレーが終わってピンを穴に差し込むときもカップの周りを傷付けないようにするのは当然です。

そのほか、グリーン上にはゴルフバッグを置いてはいけません。ゴルフバッグというのは、上の方だけが重く、アイアンヘッドが外に出っ張っていますので、グリーン上に置いたらグリーンはへこみ、芝を傷付けることになります。

また、グリーン上を走ってはいけませんし、もちろんゴルフカートなどの乗り入れは禁止です。グリーンはゴルフコースのいちばん大切な所、命とも言える所です。

## 77　ボールを打つ人のそばでは静止画像

# ゴルフはメンタルなスポーツ

**4つのボールを見失わない**

あるプロゴルフツアーでの話。

グリーン上でプレーヤーが打つ構えに入り、ギャラリーがシーンとなった。なかなか打たない。そのうち、おもむろに腰を伸ばし打つのをやめた。そして、キョロキョロと辺りを見回し「誰かが息をしている」とギャラリーの方をにらみつけた、というエピソードがあります。

ゴルフはメンタルなゲームと言われているように、精神的要素の強いスポーツです。打つ構えをした時はボールに対して精神を集中させますので、そばで動いたり、ぺちゃくちゃしゃべられたりすると気になって打ちにくいものなのです。

プレーヤーがボールを打つためにアドレスに入ったら、他の者は動いたり、話したり、プレー線の前後に立ったりしてはいけません。静止画像のようにそのまま止まって動かないことです。息まで止めろとは言いませんが、本当に息まで聞こえるようだったら、気持ちを一つにして一瞬止めてもいいかもしれません。

ゴルフではボールがピン（カップ）から遠い順番に打ちますが、それぞれ人が打つ構えをした時は、歩くのをやめ、打ったボールがどちらに飛んで行ったか、ボールの行方をよく見ておきましょう。ボールをなくさないためにも、どの辺りに落ちたかを見るのもお互いさまです。

野球でも「絶えずボールを見失わないように」と言いますが、ゴルフでも同じなのです。各人のボールの行方を互いに見ることにより、プレー全体を把握ができますし、相手が何打叩いているのかも確認できます。

## 気配りゴルフ

また、自分のプレーに躍起になって、他のプレーヤーのことを忘れる時もあります。特にスコアの悪い時などは、もう自分のことで頭がいっぱいとなり、他の人のことは眼中になくなりますし、ハッと気付いたら、真後ろで他の人が打とうとしていたということもあります。

グリーン上では特に自分のパットのことだけを考え、人のラインを踏んだりする人がいますがこれはいただけません。

要は自分がプレーをしている時、他のプレーヤーにこうあってほしいと思うことを自分も心掛けていればいいのです。

## 78　ティーショットでの前方の確認

### 常に前後の組の位置確認を

**打つタイミング**

ティーインググラウンドでオナーがティーショットを始めるタイミングとしては、パー3のショートホールでは、前の組が「打っていいですよ」と手を挙げて合図し打たせてくれる時、またはグリーンを終わって安全な所まで移動した時です。

パー4のミドルホールでは、前を回っているプレーヤーまで自分の打つボールが届かないことを確認して打ち始めます。

よく人はいないのにゴルフカートがポツンと残っている時があります。この時は、プレーヤーは林の中とか谷底などの見えない所にボールを捜しに行っているのです。

また、「そろそろいいかな」と思っていると、ひょっこり人が出てきたり、「ボールが見つからなくて」と前のプレーヤーが戻ってきたりすることだってあります。

パー5のロングホールの第2打を打つ時は、前の組がグリーンに上がってからか、打つクラブでは絶対届かない距離となった時に打ち始めます。グリーンに届きそうだったらグリーンが空くまで待ちます。パターを構えている時「ドスン」と近くで音がしたりすると、グリーンに届いていなくても危険を感じるものです。

前の人に脅威を与えないようにしましょう。距離が分からない時は、キャディーさんに確認して打つことです。

## ○○シャツはいつも遅い

安全には十分注意することは必要ですが、そのためにスロープレーとなってもいけません。ゴルフは「決断は早く、プレーはきびきびと」が原則です。スロープレーをする人は決まっていますので、「○○色のシャツはいつも遅い」という会話が後ろのパーティではささやかれているのです。

また、1ホールのプレーが終わったら、速やかにグリーンから出ることです。グリーン上でいくら叩いたかなと、今きたフェアウエーを振り返って考えたりしていると、後ろの組が「何をやっているのか、早く行け」と言っています。

後ろの組に迷惑を掛けているのです。他人に迷惑を掛けないようにすることがマナーでありエチケットです。

# 第八章　ゴルフ万歳

79　ゴルフで夢を

# 年賀状には必ずゴルフの抱負を

## 年賀状でゴルフの決意

私は仕事の関係で全国にたくさんのお知り合いがおります。

毎年、年賀状の数は増えるばかりですが、宛名書きの時はおひとりおひとりお名前を書きながら、どうしておられるのかなと顔を思い浮かべ、これまでのご無沙汰をお詫びしつつ書いています。

年賀状には必ずゴルフのことを一言入れることとしています。2002年の年賀状には「今、スイング改造中で春が楽しみです」と書きました。2003年は「ドライバーの飛距離もスイング改造で伸びました。今年もウデを磨きます」、2004年は「夢に向かって挑戦です」、2005年は「今年はしっかり……」、2006年は「ゴルフはお預けでした」、2007年は「ゴルフの品格に挑戦します」、2008年は「地域やジュニアに目を向けたい」、2009年は「足腰の鍛錬のためノルディックウォーキングを」。

皆さん方からもいろいろのご返事をいただきました。「ドライバーは現状でよいのでは！」「春になったら芝上会談を持ちたいものです」「貴兄のチャレンジ精神に感服です」「最近スコアが安定してきました」「9月よりゴルフスクールを新規に立ち上げて頑張っています」「毎日ゴルフ、イヤ、1日置き、2日置き、3日、4日置きかな！」「ゴルフ余談読ませていただいています」「今年は、楽しいゴルフを心がけたいと思っています」「安定したゴルフをしたいと思います」「元気が大事ですネ」「どこに行ってもエネルギッシュでご活躍のご様子喜ばしく存じます」「品格あるゴルフを実行するのもなかなかたいへんです」などなど。

## ゴルフで大望

ゴルフを自分の趣味にしたら、いろいろの面で楽しくなります。人間は夢と大望を持っているから、生きがいが湧き喜びも生まれます。

ゴルフは誰にでも挑戦しやすいスポーツです。最初のうちは、早く上手になりたいと練習に励みますが、上手になれば上手になったで、更に上の技術を望み、いつまでも挑戦意欲を駆り立てられるのがゴルフです。そしてもう少しで手が届きそうな夢が、届いたかなと思えば更に大きな夢ができ、限りなく夢を追い続けることとなってしまうのもゴルフなのです。

ゴルフをやっていて良かったと思える日が必ずきます。ゴルフで挑戦し夢を見ましょう。

80　感謝感謝の呟きで70台

# 上手な人の一言一言が上達法に

## 華麗なフォーム

ゴルフのプレーでは、ボールをできるだけ遠くに飛ばそうとするため、体に力が入るのが普通です。

特にドライバーはそうですが、力が入ってダフったりチョロしたり、大きくカーブして白杭の方だったり。練習場でも他の人の打っているのを見ていると、「あんなに力を入れなくてもいいのに」と人ごとながら気になります。

しかし、いざ自分はどうかというと同じことをやっています。別に悲観することでもないのですが、フォームが華麗に見えるという域まで到達するには、やはりボールをたくさん打つしかないのです。

そうは言っても力みのない自然なスイングができるようになりたいものです。不要なところから力を抜くいい方法を紹介しましょう。

## 不要な力を抜く

それはスイングの前に「感謝、感謝」と呟くことです。これを呟くことにより不思議と肩の力みがスッとなくなります。人間の感性として「感謝」というのは物事に対して「ありがとう。そうだよ」と受け入れる気持ちを暗示します。

そうすることによって闘争心「飛ばしてやろう」から抜け出し「平常心となる」ことができるのです。

岡山に勤務しているとき、この「感謝、感謝」と呟くゴルフで、岡山県民ゴルフ大会の予選、準決勝を通過し、決勝まで出場しました。

## 上手な人の一言

実はこの方法、岡山県のアマチュアゴルフの女傑逸見雅子氏から教わったもので、「試合の時は感謝の気持ちでプレーに臨んでいる」と言うのでそれをまねたものです。

その逸見雅子女史とはいつも一緒に練習していましたが、彼女はドライバーを打つ時も、アイアンを打つ時も、いつも同じリズムで振っていました。２００３年度の全日本女子シニアパブリックアマチュアゴルフ選手権には全国優勝しました。

皆さんも上手な人の一言一言を大事にし、ゴルフの上達に役立ててください。

81　ゴルフの楽しみ

## 大自然のど真ん中で自ら主役に

### 人間の欲望

「止まったボールを打つのが、何が面白いか」「穴に入れることの好き者が」「あんな簡単な単純なゲーム」と思うのは素人の浅はかさ。奥の深い、やればやるほど難しくなるのがゴルフです。

元来人間の欲望の一つに「壊す」というのがありますが、ゴルフのボールは力いっぱい叩けば叩くほど遠くに飛んで行ってくれます。スポーツの中でこれだけ遠くに飛ぶものはないでしょう。力いっぱい腕力と体力を使って叩き、最後の仕上げが小さな穴に入れるという繊細でデリケートな技術を要します。

いい大人が森あり林あり谷あり池ありの広大な大自然のど真ん中で、自分が主役になって、1つのボールを追いかけ回す。辺りが見える余裕があればよいのですが、無我夢中で1つのボールとの格闘を行っているのがゴルフです。終わってみれば緑豊かなオゾン満杯の中で十分森林浴を満喫しています。

## 最初は誰でも下手

世の中に「食わず嫌い」ということがありますが、ゴルフも「やらず嫌い」の方もおられるのではないでしょうか。ぜひ今すぐからでもゴルフを始めた方が、仕事の上でも人生の上でも必ずプラスになると思います。

「何を今さら」と言う人もいるかもしれませんが、もちろん最初は誰でも下手なのです。最初からパーが取れるようなら、それまで一生懸命練習した人がかわいそうです。最初は下手でないと困るのです。

プライドの高い人は「みんな上手なのに、自分だけ下手」という負けず嫌いのプライドに邪魔され、ちゅうちょされているのではないでしょうか。

## やみつきにならないように

ゴルフでは、一般的にスコアのいい人を上手と言いますが、スコアとは関係なく、楽しめるのもゴルフです。例えば「ドライバーだけはあいつに負けない」とか「寄せは名人芸」「パター上手」など。

楽しみ方にも、グリーンに乗ってから、金・銀・銅のオリンピック勝負をするとかいろいろあります。やりだしてやみつきにならないように要注意です。

## 82　ゴルフと仕事

# 晴れ晴れとプレーする醍醐味を

**負ければ悔しい**

囲碁をやられている方も多いと思いますが、サラリーマンはよくお昼の短い時間に囲碁の早打ちを行います。

勝負には勝ち負けがあり、順当に弱いと思って負ければいいのですが、思ってもいなかった石をごっそり取られてしまうとか、勝っていたのに1手間違って負けた時には悔しい思いをします。そして頭にカッカきて午後の仕事が手に付かなくなるような人が多いのではないでしょうか。私もそういうこともあって、囲碁は昼の時間にはやらないようにしています。やる時には黒石を4つか5つ置いて打っています。それでも勝った時は気持ちがいいし、負けた時は悔しい。悟りがもうひとつというところです。

ゴルフについても同じようなことが言えます。次の4つの中であなたはどれが当てはまりますか。

①仕事がうまくいっているときはゴルフの成績もよい
②ゴルフがいいと仕事もいい
③仕事がうまくいかないときはゴルフも悪い
④ゴルフが悪いときは仕事もうまくいかない

この①～④はどれも当たりです。

## ゴルフのためなら仕事も一生懸命

ゴルフの調子がよい時はやっぱり仕事もうまくいっているときです。

ゴルフが上手になろうと思うなら、仕事も一生懸命やることです。自分よりゴルフの上手な人を名指しして「仕事をやっているのかなあ」と冗談ではよく言いますが、それは妬み半分で下手な人が仕事もバリバリやっている人に対して言っているのです。本当だったら言えません。ゴルフのためならまず仕事第一なのです。

やっぱりゴルフはメンタルなスポーツです。何か不安なこと、家庭や仕事などで気になることがあるとスコアは伸びません。雲ひとつない晴れ晴れとした気持ちで思う存分ゴルフに打ち込むのがゴルフの醍醐味です。これで最高のスコアが出ます。とは言っても人生いろいろ、いつもそうはいかないのが現実です。頑張りましょう。ゴルフも仕事も。

# 83　ゴルフ上手は仕事もできる

## ゴルフも創意・活力・新たな挑戦

**逆は真ならず**

「仕事ができる人が必ずしもゴルフがうまいとは限らない。しかし、ゴルフがうまい人は仕事もできるよな」

先般、松山の北条カントリー倶楽部で先輩とゴルフをする機会があり、その先輩の言葉です。「ゴルフがうまい人は総じて仕事もできる」、しかし「逆は真ならずだ」と言うのです。

仕事ができる人がすべてゴルフも上手だとは到底言えません。皆さんの周りの人を見てもお分かりでしょう。しかし、ゴルフがうまい人は仕事もできる人です。これは当たっていると思います。なぜか。

それはゴルフに限らず、いろいろな趣味に打ち込み、その枠を作り上げている人は、その枠になるために、それなりの道を踏んできているのです。

どのようにすれば上手になれるかを絶えず考え、それを実行する行動力を持ち、それを実現しているから枠に達しているのです。

ゴルフでは、飛ばす技術、寄せて入れる技術、素早く判断する能力、危機管理など総合的なゴルフセンスを磨いてゴルフ上手と言われるのです。この枠まで達するには、それなりの創意と新しいことへの挑戦とその実行力があったからできたのです。

## 上手になる秘訣が仕事に通じる

ゴルフで枠に達している人は、それに到達する手法・方法を経験により修得しています。仕事の上でもゴルフが上手になったその手法・方法を活用すれば、どんなことでもうまくできるのです。

だから「ゴルフのうまい人は仕事もできる」と言われるゆえんがここにあるのです。別にゴルフでなくてもいいのですが、趣味を自分のものとして枠に達するまで修練している人は、皆同じです。

松山の北条カントリー倶楽部では、ゴルフのできる4人と、仕事もできる4人で大いに話も盛り上がりました。こういう話ができるのも、ゴルフの楽しみのひとつでもあります。

## 84　お昼のお酒

# 昼は情報交換とコミュニケーションの場

### お昼はしっかりコミュニケーション

お昼の時間帯は午前中のプレーの成績が話題になります。

「よく飛びますね」「寄せがうまいですね」「パターよく入りますね」「飛び方が違いますね」「あそこはもったいなかったですね」などなど、午前中のゴルフ評の始まりです。昼の時間はコミュニケーションの場であり情報交換会の場となります。

そしてその時は、ご多分にもれずお酒がつきものとなります。大切な競技大会ならいざ知らず、スコアは、少し飲んだぐらいではそんなに違うものではありません。

私の経験から言うと、飲んだ方が緊張感も和らぎ、筋肉の硬さもとれて良い成績につながるものです。人それぞれに酒の強い人、弱い人もいますので、一概には言えませんが、昼の時間のお酒は大いに飲んで、午後のプレーに役立てることです。

昔、初めてコースに出た後輩に、「ゴルフのお昼の時間は、コミュニケーションの場だから大いに酒を飲んで楽しくやるものだ」とか言って、昼は大宴会になったことがありました。

その時は彼も「そんなものかな」とその気になって真っ赤な顔をして午後のラウンドを回っていましたが、それから何カ月かしてその後輩に会って「ゴルフはどうかね」と尋ねると、「何か教えてもらったのと少し勝手が違うようだ」と言っていました。「昼の時間はゴルフではお酒は飲まないものだというのが分かった」と言うのです。

## 臨機応変

その後輩が上司とラウンドする機会があって、お昼に「お酒でも飲みましょう」と言ったところ、「ゴルフ場に来たら酒は飲むものではない。プレーに専念するものだ」とビシッと言われたらしいのです。

本当に大変厳しい上司だったのか、午前中のスコアが悪かったためなのか分かりませんでしたが、その時は「いろいろな人がいるものだよ」と言っておきました。厳格な人だったら「ゴルフに来て酒なんか」と言う人も本当におられるかもしれません。そういう時にはサラリーマン特有の臨機応変でやりましょう。

また、お酒を飲んでの飲酒運転は厳禁ですので注意しましょう。

ゴルフは1日楽しくやるスポーツです。

## 85　お酒でスコアアップ

# 力みが抜けていいコンディションに

### 飲めば飲むだけうまくなる

昼のお酒効果は、力みが抜けて結構いいスコアになりますと前回書きましたが、昔、よく「飲ませれば飲ませるだけうまくなるから、やつには昼は飲ませるな」と言われたものです。

そう言われたらこちらも飲まないわけにはいかないので意地にでも飲んでいました。「昼飲んだら、ひとつの言い訳ができるだろう」というのが、初めのころの私の本音だったのですが、飲んでいるうちに昼からの方がなぜかスコアが良くなり、自分でも「アレレ、飲んだ方がいいのかな」と錯覚することしばしばでした。

特に、接待ゴルフなどの時は相手に付き合ってお酒をいただきますが、何せお客様と一緒ですので、飲んでも頭の方は冷静に働いています。しかし、普通は飲んだら無駄な力が抜けると同時に緊張感まで抜けてしまって、ゴルフがゴルフでなくなる人が多いのかもしれません。

ゴルフでは、朝一番のティーインググラウンドに立った時の緊張感がいつまで続くかが、その日のスコアに影響します。極度に強い緊張感でもいけませんが、心地よい緊張感を18ホール持続できればいいスコアが出ます。たとえお酒を飲まなくてもこの緊張感がなくなれば、遊びのゴルフとなってしまいスコアも関係なくなります。当然、緊張感のないゴルフばかりでは、上達もありません。

## 言い訳のつもりのお酒

先般、先輩と一緒に浜野ゴルフクラブで回ったとき、昼からのハーフで1アンダーが出ました。午前中は、39と3オーバーで少々でき過ぎかなと思いながら、昼に勧められるままにアルコールを十分いただき、いい気分になりましたが、人間というのはしっかりしているもので、先輩に気遣いをしなければという気持ちは抜けませんでした。

体は温まってほどよくゴルフに適した状態となり、頭の方も相手の褒め言葉にも上手に乗っていけるようになってルンルン気分だったのだと思います。

それに午前中のスコアが良かったので、午後は少しくらい悪くても「お酒を飲み過ぎました」と言い訳もできるという安堵感もありました。

ただし、「どうぞどうぞ」と勧められて飲んだのはいいが、悪いスコアで回ったら、後で何を言われるか分かりません。要注意です。

86　昔マージャン今ゴルフ

## 自然に体を動かすゴルフの効用

### お人好しにはマージャンは合わない

最近はめっぽう麻雀をする人が少なくなりました。

マージャンは小さな部屋で盤面を見て、チーだ、ポンだと言っています。また、昔はそれを畳の上で座ってやっていました。これでは健康には絶対良くないと誰でも思います。

それに、勝っていると思って手をゆるめてしまうと、とたんに点棒がなくなってしまいますし、これはいけないと盛り返そうとしてもそうは問屋が卸しません。

お人好しの人ほどカモられるのがマージャンで、負けたら負けたで揚げ句の果てには、「下手だ」「弱いだ」などと言われ、いいことはひとつもありません。しかし、ゴルフは違います。

### ゴルフの王道・サラリーマンの常道

ゴルフは、大自然の中で1つの球を追いかけて、無我夢中で歩くという健康第一のスポーツだということです。普通は何もなしで10キロを歩けと言われてもちょっとおっくうなところを、ボール1つあるだけで知らず知らずのうちに平気でフェアウエーを行ったり来たりしています。人によっては1・5ラウンド、2ラウンドを1日のうちに回る人もいます。

私は最近ではもっぱら1ラウンドですが、時々は1・5ラウンドもやります。もちろん2ラウンドを回ったこともあります。若いころは同じ高いグリーンフィーを払うのならやらなきゃ損だという気持ちもあったかもしれません。

雲ひとつない日本晴れの真っ青な中に白球が飛んで行くのを見て、爽快感に浸り、途中で雨に降られれば「や〜めた」とハーフでも上がるのがゴルフの王道です。

しかし、せっかく来たのだからと、何があっても元気にまかせてやるのも、サラリーマンゴルフの常道です。

## 体の自然食

今、健康志向が言われています。フィットネスクラブに行って機械で体を鍛えるのもいいかもしれませんが、ゴルフは楽しみながらそれができるのですから食べ物でいえば「自然食」なのです。そして体だけでなく、精神的にも何もかも忘れ白球をかっぱたいてスカッとして、ストレスもどこかに吹っ飛んでしまうのがゴルフです。

## 87　トイレの中のひらめき

### 上達の秘訣は「毎日考える」こと

**毎日考えている人と何も考えていない人では雲泥の差**

ゴルフ上達の秘訣のひとつに「毎日ゴルフのことを考える」というのがあります。ひとつのイメージトレーニングですが、やはり「ゴルフが上達したい」「何をどうすればいいのか」を毎日考えていれば、おのずといろいろのアイデアが浮かんできます。

毎日1回はゴルフのことを考えている人は、何も考えない人よりも必ず早く上達します。これは私が保証します。

「イヤならやめろ」（堀場雅夫著）という本の中に「トイレの中のひらめき」というエピソードがあります。話は「トイレの中で新製品のアイデアがひらめいた」ということですが、単にアイデアがひらめいたということではなく、アイデアがひらめくためには、そのことについて絶えず考えているからアイデアはひらめくのであって、ボサーとして1日を過ごしていたのではアイデアなどひらめかない。絶えず考えている人とボサーとしている人とでは人生において雲泥の差ができるそうです。

**毎日クラブを握る**

この本の中では具体的に、ノーベル物理学賞を受賞された湯川博士のエピソードとして「湯川博士が妻の病気の看病をしていて中間子の理論を発見したと言われているが、これは妻の看病をしていたから中間子の理論が浮かぶわけはないのであって、そのことについてずっと考えていて、『あっ、これだ』と頭に浮かんだのが、たまたま看病している時だったのだ。勝負に勝つには手を抜いている人と、毎日毎日、人よりも考え努力する人がいると、後者の方が勝つ可能性は高いのは当たり前だ」という趣旨のことを書いておられます。

まさしくそうであって、絶えず物事に対して何をどうしようかと考えていたら難しいことでもできるようになるものです。最初からあきらめてしまっていては、できることもできません。宝くじも買わないと当たらないのです。「自分はできるんだ」と自信と信念を持って努力していると、できそうでできなかったことが実現できます。ゴルフでも同じです。毎日クラブを握っている人と握っていない人では上達の度合いが違ってきます。一回コースに行ったら次に行くまでゴルフクラブは車の中から一度も出たことがないというようなことはもってのほかなのです。また、プレー前日に慌てて練習に行っていたのではいつまでたっても50は切れません。

## 88　ゴルフは脳の活性化

# 「守り」より「攻め」の姿勢で挑む

### 競争意識が大切

ある先輩が「ゴルフを健康のためにやると言い出したらお仕舞いだ」と言っておられました。健康のためのゴルフは、年寄りゴルフだそうです。

自宅でのパット練習から始まり、バット振りなど同じことを飽きもせずにやっていますが、これはやっぱり健康のためというより、上手になりたいという一念が強いからです。健康のためだけだったら単調で、いつかどこかで投げ出していると思います。

「会社のコンペで優勝するぞ」「あいつよりはドライバーだけでも遠くへ飛ばすぞ」などゴルフをするには相手に勝とうという競争意識が必要です。いつもの仲間内ゴルフだけでなく、対外試合に挑戦するのもひとつの方法です。全く知らない人とコースを回るのは勇気がいりますが、自分の技量を研くにはすごく役立ちます。皆さんの回りで「上手」と言われている人はほとんど皆知らないところでウデを研いているのです。

ただ漫然と練習を行っていただけでは、決して上手にならないのがゴルフです。「そこに球があるから打つのだ」では駄目なのです。「その球をいかにしてうまくピンに寄せるように打てるか」そのことを絶えず考え練習しないと、上手にはなれません。

それにはやはり頭がいります。頭を使っていれば人はボケません。体と頭を使うゴルフゲームは、自然に健康のためにもなっているものです。

## いつまでも挑戦意欲を駆り立てる

人からよく「なぜゴルフをやるのか」と聞かれることがありますが、決して「健康のために」とは答えないこととしています。「守る」より「攻める」のを大切にしています。挑戦です。

ゴルフをやるからには人より上手になりたい。そのためには自分の技術を磨くことが必要です。基礎体力も鍛えるし、練習場にも足を運ぶ。ゴルフというのは、今日、練習場で素晴らしいボールが打てたからといって、明日のコンペで良い成績が出るとは限りません。

ゴルフはやればやるだけ難しくなるものです。これだとひらめいても、必ずまた次の別のひらめきが出てきますし、ゴルフでは免許皆伝はありません。100の壁があったら、次に90の壁が、80の壁が、シングルの壁が立ちふさがり、ゴルフというのはいつまでも挑戦意欲を駆り立てられる奥の深いスポーツなのです。

## 89　接待ゴルフ

# 手抜きはダメ、全力投球

### ナイスショットの掛け声は本当にいいとき

最近はバブルもはじけて接待ゴルフはやらなくなりましたが、昔はよく付き合わされました。しかし、元来ゴルフが好きだったので、いい機会と思って接待そっちのけで自分の技量を磨いていたものです。

接待ゴルフでは過剰の褒め言葉は言わない方が無難です。「ナイスショット」と声を掛けても、本人が納得のショットなら素直にありがとうと言えますが、ＯＢに向かってまっしぐらという時に「ナイスショット」と言われても困るのです。

逆に「何だ、この野郎」ということにもなりかねません。やっぱり「ナイスショット」と声を掛ける時は、ボールが気持ちよく前に飛び出した時だけの方が無難です。同じ言葉で「ナイスオン」「ナイスパー」「ナイスタッチ」などがあります。

相手を気持ち良くプレーさせるのが接待ゴルフの基本です。おべんちゃらは要りません。これが礼儀です。

スコアの方は技術的なこともありますが、ゴルフも競技スポーツです。自分では絶えず全力投球すべきです。

## 一生懸命全力投球

つまり、一生懸命やってこそ相手と対等に競い合えるのであって、手を抜いているというのではその人に大変失礼に当たります。絶えず一生懸命。これは仕事にもいえることです。

一生懸命は見ていて気持ちのいいものです。日ごろから「やつは上手だ」ということを回りから認めてもらっておけば、相手よりいいスコアで回ったときでも、何の不都合もありません。

プレーの途中とか昼休みの時間、コースまでの送り迎えにも手を抜きません。最高のおもてなしとは、中途半端ではなく、プレーも19番ホールも全力投球することです。

手を抜けば相手は不愉快に思うもの。すべて一生懸命きびきびとフェアウエーを走り回り、「気が付き気が利け」を実行すればいいのです。スコアが相手より上回ったら、相手から尊敬されるものなのです。

ゴルフでは、4人皆が気持ちのよい楽しい1日になれるようにするのが一番のおもてなしです。いつも人に好かれるゴルフを心掛けましょう。

# 90 「サマ」で分かる上手下手

## 周囲を気にせずかっこよく

### 着方が大切

どんなスポーツにも当てはまることですが、ユニフォームの着方を見ると、上手か下手かがすぐ分かります。私は学生時代には野球をやっていましたが、先輩から「相手チームのユニフォーム姿を見ただけで一目瞭然、手強い相手か甘い相手かがすぐ分かるものだ。ユニフォームはだらしなく着るな」とよく教わっていました。野球のユニフォームは上から、帽子、上着、アンダーシャツ、ズボン、スライディングパンツ、ソックス、アンダーストッキング、スパイクすべてを着こなさなければなりません。この着方が何となく「サマ」になっている人はだいたい上手な人。それだけ着る回数をこなし、着方を心得ているのです。

その一方で同じものを着てもなんだかぎこちなく、どうもサマにならない格好の人がいます。先輩からユニフォームの着方、着る順番を厳しく習ったものです。まずスッポンポン（パンツは脱がなくてもいい）になってアンダーシャツを着ます。次にソックスを履き、その上にアンダーストッキングを着け、スライディングパンツを履き、上着を着てズボンを履いてベルトを締める。そしてスパイクを履き、帽子をかぶって野球スタイルとなります。最後に鏡の前に立って、上着とベルトの締まり具合を直し、両手で帽子のひさしを持ってピシッと決めてでき上がりです。

何事を行うにも、やはり手順があり、これが「サマ」につながるものです。

## 華麗なるチョロ

ゴルフの上手下手は、まずその人の服の着方もそうですが、素振りのフォームが「サマ」になっているかどうかで分かります。できるだけ周囲から見て格好いいゴルフをやりたいものです。

格好良くやるためには、クラブを華麗に振らなければいけません。いくらチョロをしても、我流の人がチョロをするのと、華麗なフォームでチョロをするのとでは見ている方の反応が違います。我流の方は当然だという気持ちから「ワッハッハ」と笑いが自然に出てきます。華麗にチョロをした方は、声を出したらにらまれそうで黙視か「プロでもこんなことがあるんですね」とゴマすり言葉になります。

しかし、心の中では「しめしめ、よしよし」とどちらにしても思うもの。ゴルフは傍目を気にせず、見た目「格好良く華麗に」やりましょう。

91　ゴルフとメンタル

## 何でも絶えずプラス発想を持って

### ボールは気にする方向に飛んで行く

コンペのスタートホール。トップの組。そして4人でくじを引いたら1番が当たった。ゴルフでの朝1番は、体も回らないし何せギャラリーも多い。この難関をフェアウエーにナイスショットするには、相当の心臓の持ち主でないとできません。

誰か先にチョロでもしてくれたらとか思うのが人情です。人間はプレッシャーに弱いものですが、特にゴルフにおいてはメンタルな面が大きく左右します。

ティーインググラウンドから見えない池があり、教えてくれなくていいのに、親切に「前に池がありますよ」とキャディーさんがそっとささやいてくれた時など、見なければいいのにどんな具合かなとその池を確認しに少し前に出て見ただけで、その方向に一直線に飛んで行くのがゴルフです。

ティーショットの時、オナーが打った方向に2番目3番目と続くことがありますが、これも自分の気にする方向に飛んで行っている証拠です。こういう時には「オナーが悪い」と言います。ゴルフではよく「平常心で打て」「精神を集中させろ」と言いますが、これができないのがゴルフなのです。

## できるという自信

ゴルフは、「打って歩いて、また打って」という繰り返しで、打つ時打つ時そのたびごとに、瞬間的に精神を集中します。ティーショットを打って、最後のパットを入れ終わるまで、何回も細切れに集中があります。この打つ回数だけサッと頭の切り替えをして、集中できる「技」がゴルフには求められます。つまり、一瞬集中型です。これはひとつの慣れです。これが途中でできなくなるのが「プッツン」。うまくいくのが「乗った」「域に入った」という状態で手がつけられなくなる時です。30センチのパットも外してしまうこともありますし、10メートルのパットでも一発で入ってしまうこともあるものです。

自信というのは不思議に強いものです。仕事でもそうですが、「駄目だ、駄目だ」と決め込んでしまったら、できるものでもできません。できそうにないものを、「少し無理だけど努力して何とかしよう」と前向きな姿勢で頑張っていると、不思議とできてくるものです。

絶えずプラス発想が何でも望ましいのです。ゴルフでもしかりです。

## 92　ゴルフ上達3原則

# 「心・技・体」を磨くのが先決

### 平常心（心）

私はゴルフ専用名刺の裏に「ゴルフ上達3原則」というのを刷り込んでいます。それは「心・技・体」の3つです。

ゴルフは、球技の内で一番小さいボールを一番遠くまで飛ばして快感を味わえるスポーツですが、何か気になることがあると、良いスコア（成績）は出ません。朝、家を出るときに「行ってらっしゃい」と、ほっぺにキスでもしてもらえたら、その日はゆったり平常心以上の気持ちで回れますが、逆に、子供の学校参観日だというのに知らないふりをしてこっそり出てきて、悪いことをしたなと思っているとスコアどころではありません。

仕事についても気になることを残し、おやじの法事を何回も使って平日ゴルフをしていても楽しくありません。仕事も家庭もうまくいっている時がゴルフもうまくいくものです。

**一に練習、二に練習（技）**

そして上手になろうと思ったら、やはり練習です。普通にやっていて上手になれるものではありません。正しい練習が必要です。そのためには、最初は上手な人に見てもらうのが一番です。

**道具と筋力トレーニング（体）**

また、最近は道具により飛び方が全然違います。新作クラブの情報をしっかり仕入れて自分に合ったものを使いましょう。体の強化については最近、筋力トレーニングがはやっています。これをやっている人とやっていない人とでは雲泥の差が出ます。高校野球でも勝つチームは、ほとんどが取り入れています。私もバット振りは欠かさず行っています。

**バランス**

そしてこの心・技・体の3つがバランスよく整っていて、ゴルフは上手になれるものなのです。

**ゴルフ上達３原則**
心……精神を集中すること。平常心を保つこと。家庭と仕事がうまくいっていること。
技……１に練習。２に練習。３に良いインストラクターを持つこと。
体……日頃から基礎体力向上を心がけること。道具は自分に合ったものを選ぶこと。

## 93　教え魔

# いろいろな個性を踏まえ、その人に合った指導を

### 教え魔は相手のことは考えない

よく練習場でボールを打っていると、後ろに来て何だかんだと言う人がいます。

ゴルフのスイングというのは、自分ではどんなスイングをしているかは分からないもので、自分ではプロ並みのスイングをしていると思っているものです。

そして他人のスイングを見ると「変な格好で打っているな」と、自分のスイングを棚に上げて、つい親心が出るのがゴルフなのです。教え魔本人が打っているのを見ると変な癖のあるスイングをして打っています。そのあたりは教え魔も心得ていて、みんなの前では打っているところを滅多に見せないのが上級の教え魔なのです。

教え魔は、相手のことなど関係なく自分が思ったことだけを言い、自分が以前悪かったことについて誰でも悪いのだと決め込んで「こうだ」「ああだ」と言っているのです。

まだ言うだけならいいのですが、つい手が出て「あなたのスイングはこうなっているが、正

しいのはこうだ」など手取り足取り教え出す練習場の主みたいな人もいます。こういう人に捕まったら悲劇です。

人には個性があるように、体つきも違うし力量も違います。これまでのスポーツ歴、ゴルフ歴、今からどういうゴルフをやろうとしているのかなどによっても違います。

## やっぱり基本

教えてもらう時は、レッスンプロか専門のインストラクターにつきましょう（ツアープロは少し独善的なところがありますが上級者にはよいでしょう）。十人十色ということがありますが、やはりその人に合った教え方をしないとその人のためになりません。

よくワンポイントレッスンで「スライスするので直してください」と言われますが、その時だけそれだけを直すのは簡単です。ゴルフボールの飛び方の知識を少し心得ているだけで十分です。

1カ所を直すと真っ直ぐ飛んで行きます。「すごい。やっぱりプロに見てもらったらすぐ直った」と言われますが、真っ直ぐ飛ぶのはその時だけのことであって、根本的に直していないので少し時間がたつと、それが逆に悪い癖となることもあります。

私はそういう時は、できるだけゴルフの基本となることを教えることとしています。

## 94　ゴルフは考えるスポーツ

# 失敗と反省を繰り返し上達を

**一喜一憂**

練習ではいろいろ試行錯誤しながら打っていますが、いざコースに出たら瞬間的に判断し一発勝負です。そしてこの判断の良し悪しがすぐ結果に表れ、一喜一憂することとなります。

まず、止まったボールの状況を見極め、打つ方向の確認、目標までの距離の計算、そして自分の力量に合った打つクラブを選択します。

この動作を素早く行い常に最善の方法を採り、ボールを打ちます。ボールが思ったようにうまく飛んでくれたら、自分の判断が正しかったのだと納得します。

しかし、とんでもない方向に飛んで行ったら、何が原因なのか、クラブ選択のミスなのか、打ち方が間違っていたのか、自分の技術が未熟だったのかなど反省しなければいけません。ゴルフにおいては（仕事でもそうですが）反省が大切です。そしてそれを直す工夫と練習をすることです。失敗↓反省↓失敗↓反省を繰り返して上手になるものです。

その機会が多ければ多いほど上達は早くなります。だからコースにたくさん出ている人、練習をたくさん行っている人の方が上手なのです。

## パターで頭の良し悪しが分かる

グリーンに上がってパッティングの時が、「頭が良いか悪いかがいちばん分かる」と言います。狙ってカップを大きくオーバーする人、届かない人、10メートルを一発で入れる人それぞれですが、考えすぎて手が急に動かなくなる人までいます。速さは？　力加減は？　考えれば考えるだけカップがだんだん小さく見えてくることもあります。

しかし、グリーンというところは、いくら大きいといっても大きさはしれています。そのグリーンの範囲内の状況だけを見て打ち方を判断すればいいのですから、考えようによってはパッティングというのは簡単なのです。広大なフェアウエーで先に何があるか分からないで「まあいいか」と打つよりは、ボールとカップの間のボールが通る道がはっきり目の前にあるのですから、間違っているかいないかは別として、「確実にラインが読める」のです。

そして、その結果はすぐにその場で分かります。読みどおりカップインすれば「よかった」と胸をなでおろしますが、カップを外した時は「打ち方が間違っていたのか」「読みが違ったのか」やっぱり「頭が悪かったのか」、その短い距離ゆえに、しっかり反省しなければいけません。

## 95　単身赴任のゴルフ

# 地方転勤でゴルフが上達する理由

### 地方はゴルフ天国

東京のサラリーマンの間では「地方に転勤したらゴルフが上手になって帰って来る」という定説があります。

東京でゴルフを上達しようと思ったら至難の業です。まず練習場も遠くて、1球の料金も高く、土曜、日曜などは混み合い2～3時間待ちは当たり前、練習するだけで1日仕事です。料金も6000～7000円はかかります。

それなら「コースに行ったら」と言う人もおられるかもしれませんが、東京は違うのです。もちろん都内にもゴルフコースがありますが、メンバーでなければ入れてもらえませんし、たとえツテをたどってスタートを取っても、帰る時は目が飛び出るほどふんだくられます。

ですから、少し遠距離まで行くことになるのですが、朝は4時、5時に起き、暗いうちからバッグを担いで2時間から3時間かけてコースへたどり着きます（この時間帯の電車の中は魚釣りかゴルフの人です）。ゴルフ場に着いてのプレーは、ホールごとに待ち待ちで、イライラの連続。帰るのは夜遅くというパターンです。

その点、地方はゴルフ天国と言えます。私も全国いろいろなところで勤務しましたが、ゴルフ場は近いし料金も安いし言うことなしです。ましてや単身赴任ともなると時間的にも余裕もあり、気軽にゴルフに行けます。

## 練習もコースも自由自在

私の単身赴任のゴルフ生活は、朝起きたらまず柔軟体操、縄跳び、ジョギング、パター、そして素振り。グニャグニャシャフトやノックバットのようなマスコットバットも使っていました。

アフター5は、毎日練習場に直行し、約３００球のボールを打ちます。もっぱら夜間練習です。というのも、夜は照明がついているので落ちるまでボールの軌跡がしっかり見られるのです。打ちっ放しは夜に限って行っていました。

コースには、懐具合と時間的なこともあり、しょっちゅうというわけにはいきませんが、行きたい時にはいつでも行けます。その土地に慣れてくると、このままとどまりたいと思うことしきりです。しかし、サラリーマンは紙切れ１枚で、次の任地に行かなければなりません。

## 96　ＯＫあり

# 楽しみながらコミを図れるゴルフ

### ゴルフは唯我独尊

ゴルフは技術的にも免許皆伝という極意が見あたらず、やればやるだけ難しくなって味が出て楽しくなるスポーツです。

過激なものでもなく、自分の体力に合わせて行うことができ、また、力量に差があってもハンディキャップという制度もあり、見ず知らずの他人とも対等に競いあえるのがゴルフです。

丸1日を1つの球を追って4人が一緒に楽しみ、しっかりコミュニケーションが取れる社交性のあるスポーツでもあります。そういう意味から政界や企業のトップなどが、ゴルフ会談をすることがしばしばです。やっぱり一日中一緒に行動し、掛け値なしの裸と裸の付き合いができるので、難しい話も和んでくるのだと思います。談合などにはもってこいで、あまりよからぬことにも使われているのかもしれません。

また、お年寄りとなってもそれなりに自分なりの楽しみ方をすればよく、唯我独尊プレーをすれば生涯スポーツとしては最高のものといえます。

## ＯＫは自分で決める

先日、ライオンズクラブのゴルフ例会で、久しぶりに長老が参加され一緒に回るメンバーもそれなりの方にお願いしましたが、上がってみるとその長老がダントツの優勝。そんなに上手なはずはなかったのにと思って一緒に回った方に聞いてみると、グリーンに乗ったらパターを使うのは原則1回だけだったそうです。

1回打ったら「ＯＫだな」と言って自分で球を拾い上げる。残りの長さが1メートルだろうが2メートルだろうがお構いなし。メンバーに有無を言わせず、また、誰もそれを黙認。というゴルフだったそうです。やっぱり長老には長老のゴルフがあり、長老ゴルフはそんなのがいいのかもしれません。仲間内のコンペですので少しのご愛嬌も楽しみの一つです。人に迷惑をかけない自分のペースがいちばんです。

楽しいはずのゴルフでも、難点としては少し金がかかり過ぎるということがありますが、ストレス解消、病気にならないための先の杖と思えば安いものです。

バブルが崩壊してからプレーフィーも安くなりましたので、これからは月イチ（月1回）が月2、月3も大丈夫です。大いに楽しめる時に楽しみましょう。

## 97　研究心のないものは去れ

# ジャンボ尾崎から学ぶ3つの格言

### あくなき探求心

ゴルフ界でジャンボ尾崎というと知らない人はいないと思います。まだパーシモン時代で彼が全盛のころ、トーナメントを見ていても彼のドライバーは飛び方が桁外れに違っていました。また、彼は「ジャンボは飛ばないとジャンボではない」と道具も飛ぶといわれる新作のドライバーを軒並み試していたそうです。

彼は努力家で研究熱心だとも言います。飛ばしについては意地もあったようです。歳をとっても人には絶対負けたくないというビッグドライブを追求し、人間いつでも飽くなき深求心が必要なことの手本を見せてくれています。

ゴルフでは「より遠くへ」という飛距離へのこだわりが魅力のひとつです。何事も諦めたらお仕舞いです。絶えず創意工夫をこらし限界まで新しいことに挑戦することです。

## 野球部の部訓

彼はゴルフをやる前は、プロ野球に入っていました。もともと少年のころから野球をやっていたのです。その中で彼の精神的支柱となっているとも言われている中学時代の徳島での野球部の部訓を紹介しましょう。

**①根性のない者は去れ**
**②研究心のない者は去れ**
**③不平を言う者は去れ**

この3つだそうです。

私も中学時代は野球をやっていました。単に部活と言っても地区大会、県大会と公式試合があり、部員全員が力を合わせて強くなりたいという気持ちがいっぱいでした。強くなるために皆で絶えず考え、知恵を出し、いろいろな工夫をしながら練習をしていました。何事も目標実現に向かってあきらめずに新しいことに挑戦する気持ちが大切なことも体験しました。

ゴルフでも新しいことに絶えず挑戦し練習に励んでいると、飛距離もどんどん伸び、あなたもゴルフ界のジャンボのような飛ばし屋になれるかもしれません。

## 98 長生きするにはゴルフに限る

### 考え、打って、歩いて筋力を維持

**頭を使うから長生きする**

ゴルフというのは、大自然の中を悠々とまでにはいかないまでも、森林浴をしながら闊歩するスポーツだという話をしましたが、先日、ある講演会で次のような話を聞きました。

昔の人間の寿命は50歳ぐらいだった。それが戦争とかでいろいろ汗をかいて体が鍛えられ、心臓、肺機能が発達し、また医学も発達して寿命が長くなった。

心臓、肺機能が小さかったら長生きすることはできない。今、世界で日本が長寿の国となっているのはこういう戦争とかで鍛えられた体があったからだ。人間の筋肉は病気をして入院してみると分かるが、使わなくなったら萎縮する。今の若い人は体を使っていない。そのうち寿命が短くなるだろう。というような話でした。

全くそのとおりかもしれません。また、人間の細胞は20歳になるまでは増殖するが、その後は毎日30万個ずつ死滅すると言われています。できるだけこの細胞の死滅を少なくすることが必要です。その点ゴルフは考えて、打って、歩くので、細胞の死滅も少なく、長生きのスポーツだという話もありました。

やっぱり体も脳（頭）も使わないと衰えるのです。それでなくても死滅しているわけですから、残った細胞をフル活用していれば、使われることに喜びを感じ長くまで活躍してくれるものです。事実、年齢の割に若々しい方がおられますが、こういう人は細胞の死滅を少なくする何らかの若さの秘訣を実行しているのです。そういう意味ではゴルフは、あまり上手になり過ぎない方が頭を使う機会が多くなるのでいいのかもしれません。

## たくさん打って割安料金

退職の日を迎え、仕事から解放されたらゴルフ一途。これからはゴルフに懸けて一生懸命ゴルフ上達に励むという方が多いのではないでしょうか。もちろん体力も必要ですが、頭も使わないといけません。よく考えながら、たくさん打って、たくさん歩くゴルフをされたら、長生きできると思います。

「スコアはどうでもいいのか。そんなことならいつもたくさん打っているよ」と言われる方もあると思いますが、たくさん打って割安料金でいいのです。ただし、頭にきて血圧を上げないようにしてください。

## 99 ゴルフの魅力

### 球趣の尽きない持続性にあり

**ゴルフの醍醐味**

ゴルフは止まっているボールをゴルフクラブという耳搔きのような棒の道具を使ってより遠くへ、自分の思ったところに飛ばし、ひとつのホールに入れるという一見単純な?ゲームです。

しかし、これが簡単なようで実際にやってみると意外に思ったようにいかないものなのです。自分の打ったボールが思ったように思ったところに自由自在に飛んでくれたら言うことはありません。時には空振りもします。

また、特に球技のうちで、ゴルフほど遠くに飛んでくれて、爽快なものはありません。

この醍醐味を味わえるゴルフの魅力には、いろいろのことが挙げられます。

**適度なドキドキハラハラ**

第一に、ゴルフのプレーというのは、1つの白球を追って大自然のオゾンの多い中で丸1日プレーする長時間型のスポーツであり、適度なドキドキハラハラがあり、体にも頭にも健康的であるということです。

豊かな緑のジュウタンを悠々と闊歩し風流に浸りたいのですが、途中で時々いろいろ想定外の出来事が起こるので、気の抜けないのがゴルフなのです。しかし、1つのボールを追って無我夢中となれるわけですから、日ごろの仕事のことも忘れ心身のリフレッシュとか、ストレス解消にはもってこいです。

## 飽きないスポーツ

また、ゴルフは単にボールを打って穴に入れるゲームですが、技術的には大変奥の深いゲームであり、極意がいつまでたっても尽きないスポーツと言えます。

そういう意味では、ゴルフというのは開眼したと思っても次から次へと課題が出てきて、いくら開眼しても免許皆伝には到達しません。それだけ飽きの来ないスポーツ、球趣の尽きない持続性のあるスポーツなのです。

ゴルフのやらず嫌いの人を一度ゴルフコースに連れ出すと、もうやめられなくてのめり込んでしまうほどです。

ゴルフの魅力には、それぞれにたくさんのものがあります。

## 100　ゴルフ万歳

## 魅力満載で誰もが楽しめるスポーツ

### ゴルフは生涯スポーツ

ゴルフはサッカーやラグビーと違い、運動量もそんなに激しくなく自分の体力に応じてプレーできますし、ルールもそう難しくありません。老若男女、誰にでもできるゲームです。

この点では生涯スポーツとして最適であると言えるのではないでしょうか。最近の日本は、団塊の世代が退職の時期となり、高齢化社会がどんどん進み一番気になるのが健康です。適当に体を動かし有酸素運動をすることが大切です。ゴルフは、ハンディ制もあり自分の力量に合わせて楽しむことができ、また一度体で覚えた特技は、そう簡単には歳をとっても忘れないということも手伝って、高齢になってもゴルフを楽しむ人が増えています。

また、ゴルフは長い伝統を持った紳士淑女のスポーツであり、マナー・エチケットが厳しく、社交性に富んだスポーツでもあります。そして4人1組森林浴に浸りながら、心地よい緊張感の中でワンショットごとに一喜一憂し、知らず知らずのうちにいろいろの駆け引きをしながら一日中楽しんでいます。そういう意味で友達づくり、仲間づくりには最適です。どこかの偉い人が軽井沢でゴルフ会談をしたとか言われていますが、これもゴルフの持つ社交性から会談にゴルフが選ばれたのだと思います。

## ゴルフの特性（まとめ）

このようにいろいろの魅力を持っているのがゴルフです。そこであらためて、ゴルフの特性をまとめておきましょう。

①他のボールゲームと違い審判不在のゲームである。（公正の理念）
②自然と親しむスポーツであるとともに自然との闘いのスポーツである。（あるがままの原則）
③ゴルフは運動強度のそう厳しくない心技体のバランスが取れたスポーツである。（バランス性）
④技術的に奥行きがあり、球趣のつきない継続性のあるスポーツである。（技術性）
⑤ハンディ制があり力量差があっても対等に戦えるスポーツである。（競技性）
⑥仲間と共に気軽に楽しめ、社交性のあるスポーツである。（社交性）
⑦余暇活用、レジャー、健康、体力アップ、心身のリフレッシュの手段としても有用なスポーツである。（生涯スポーツ）

# 付録　サラリーマンの仕事とゴルフの10箇条

## 第1条　誰でも一度はトップを狙う

学校を卒業間近になって、いろいろの会社の募集要項など比べて見る。どこに就職するか悩んだ揚げ句働き口を決める。そして新しい会社に希望に燃えて入社する。まず考えることは「会社のために働こう」「社長になってやるぞ」と最初は誰だってそう思う。ここまではいいのだが、いつの間にか現実に竿され流されて定年退職となる。

新品のゴルフクラブを買い、コースに初めて連れて行かれる。これだったら俺にもできるとやる気満々になり、「社内コンペに優勝するぞ」「よし、シングルになるぞ」「300ヤード飛ばすぞ」と夢に向かって挑戦するようになる。しかし、上には上があり、いつの間にか自滅の道にのめり込み、一介のアベレージゴルファーで満足するようになる。

## 第2条　やる気のある人ほど出世する

「会社のピッチャーで4番バッターになるぞ」という、やる気集団ができてこそ会社は繁栄する。ベンチャービジネスが成功するのは、これをやろうというひとつの創業目的を持った仲間が、同じ意識を持って会社を立ち上げるから成功する。会社の中で、居ても居なくても分からないような存在では出世はできない。

寝ても覚めてもゴルフのことを考え、1日に最低1回はクラブを握る人が上手になる。対外試合にも精を出し、社内コンペで優勝して目立っていたら上手だと言われる。しかし、「ゴルフは健康のため」と言うようになったら上達は止まる。

やる気と目的意識がないと何事も成就しない。

## 第3条　勝ち組を模索する

最近よく言われる言葉に「勝ち組」「負け組」というのがある。経営者は勝ち組になるために①経営理念を作り、②自社の強みを見極め、③情報分析しライバル会社に勝つために日夜努力している。

ゴルフにおいては、①ゴルフが上手になりたいという確固たる信念を持ち、②自分の環境に合った自分なりの練習の仕方を見付け出し、③飛ぶと言われる新作クラブにはすぐ飛びつき、練習に精を出す。
①から③をしっかり実行したら会社でもゴルフでも勝ち組になれる。

## 第4条　軌道修正も必要

新しいことをする時の決断には勇気がいる。そして思い切りも大切だ。間違っていたらすぐ軌道修正する。よく一度決断したらそれにしがみついて軌道修正しない人、人の忠告を聞かない人がいるがこれは愚の骨頂だ。ボタンの掛け違いから会社は斜陽をたどる。

ゴルフでは、何番のクラブで打ったらいいか、即断即決が必要となる。うじうじする人（決断の遅い人）は嫌われる。時には大胆なギャンブルもする。

前には木が乱立している。安全に横に出すのが最良の方法だと分かっているが、人間の欲は致し方ない。少しでも前へと思ってまた木に当てる。横に出す勇気、軌道修正の決断も大切だ。

## 第5条　キーマンを頼る

坂本龍馬のテレビを見た。龍馬はいろいろなことに興味を持ち、勝海舟、西郷隆盛、桂小五郎などの意見を聞き、天下国家のためには「今、何をなすべきか」を確信したから、あれだけの調整役ができた。また、お龍《りょう》さんにも助けられた。

ゴルフでも、上手な人と一緒にプレーし、その人達の言うことなすことをまねていると、知らず知らずのうちに上手になっている。また、コースではキャディーさんと仲良くすれば、いろいろのことも教えてくれる。

## 第6条　危機管理が必須

サラリーマンたるものいつどういう状況になるか分からない。そのための準備を怠っていたら、思わぬことが現実に起こった時にはあたふたする。百戦錬磨のサラリーマンはそのための対策を人知れず講じている。

ゴルフのボールは自分の意思のとおりには飛んでくれない。ゴルフには危機はいくらでもある。バンカーに入ったぐらいならサンドウエッジという道具があるが、ＯＢとか池ポチャではボールは取り戻せない。危機ばっかりを通り抜けていたのでは、スコアも良くないに決まっている。そうならないために上手だといわれるゴルファーは、いろいろの状況を想定して日夜人知れず練習に励んでいる。

## 第７条　山あり谷あり、苦節の人生

サラリーマンで順風満帆という人は少ない。できの良くない上司に恵まれ、人格まで否定されることもある。また健康だって波風はある。そういう苦労を経てサラリーマンは誰もが成長していく。表面は何でもないような顔をしているが、その人がここまでくるにはなにがしかの努力をし、苦労をしているのがサラリーマンだ。だから白髪が多くなる。

ゴルフは上がってなんぼというが、真っ直ぐ打てばいいものをジグザグで打ってきて、時には水のあるところにはまったり、白い杭の外に出たり、マムシの谷に吸い込まれたりしてようやく上がってくる。苦労してグリーンにたどり着いて、あのカップでの「カラン」という音を聞いたときの気持ちの良さが、やっぱりゴルフっていいなあと思うときだ。

## 第８条　たまにはラッキーもある

サラリーマンをやっていると、自分の企画が大当たり、一躍有名人というときもある。また、上の人がバタバタと辞めていってポストが自分に回って来たというときもある。

しかし、そういう運は、それまでにコツコツと仕事に実直に励んだ人に回ってくる。

ゴルフでのラッキーはやっぱりホールインワン。ホールインワンをするためには、それなりの実力があるからできる。

ミスショットして隣の山から転げ落ちコロコロ転がって最後のひと転がりで入るときもある。これもホールインワンはホールインワンだ。運も実力のうち。

## 第９条　自己投資が一番

最近のサラリーマンは年功序列が崩れ実力主義になってきた。うかうかしていたら後輩にもどんどん追い越される。それに給料も成果主義になってきている。そのためには自分への投資をし、常に人間を磨く必要がある。

ゴルフでも、練習にも行かずに本番ばかりというのではいつまでたっても上手になれない。

やっぱりゴルフは1に練習、2に練習だ。それとなぜボールは飛ぶのかというゴルフの理屈も知っておかないといけない。何事も粋を極めるには、それなりの時間とお金を投資し、自己練磨する必要がある。

最近読んだ本で、①技術の向上は、稽古をたくさん積んで体験しないとなし得ない。②技術力アップには、一番うまい人のまねをすること。③良いと思うことはやってみる。④見ているとできそうなことでも、実際にやってみると難しい。⑤そこで諦めずにやり続けることが大切。と書いてあった。ゴルフも同じだ。

## 第10条　最後のつめが勝負

サラリーマンは、企画力、実行力、交渉力が問われる。その成果はものが売れるか売れないかだ。途中がいくらうまくいっても、お客が買ってくれなかったら元も子もない。説明責任は本人にある。

ゴルフでは、素晴らしいドライバーショットを打っても、グリーンに上がってから3パット、4パットではスコアはまとまらない。また、グリーンに一度乗せても、カップを狙いすぎてグリーンの外まで叩き出す人もいる。プロの世界では「パットイズマネー」とも言う。

# おわりに

2016年、南米リオ・デ・ジャネイロで開かれた夏季五輪オリンピック大会の正式競技種目にゴルフが加わった。112年ぶりの復活だ。1900年の仏国パリ大会において初めてゴルフが正式種目として登場し、その後、1904年、米国セントルイス大会で行われたが、この2回だけで途絶えていた。

オリンピック大会で競技種目になるためには、五輪憲章で①男子競技では4大陸・75カ国以上で行われていること、②女子競技では3大陸・40カ国以上で行われていることが必要条件の一つと決められている。ゴルフが、この条件をクリアして正式種目になったということは、世界中の広い地域で多くの人々がゴルフを楽しんでいるということが実証されたことにもなる。2020年の東京オリンピックでも正式競技種目に加わる。

日本ではこれまでゴルフは、お金がかかり上流社会が楽しんでいる贅沢なスポーツとみなされてきた。国家公務員倫理規程には、国家公務員が行ってはならない行為として「利害関係者と共に遊技又はゴルフをすること」（第三条第七項）と、あたかもゴルフが悪の温床のごとく禁止行為として例記されている。ゴルフがオリンピック大会で正式競技に選ばれる時代に、日本の公務員の世界はまだまだ一歩遅れている。

しかし、現実には国民の間では手頃な健康スポーツとして盛んに行われている。若い人からお年寄りに至るまで誰でも気軽にできるスポーツとして社会的評価も高い。また、最近ではプロゴルフ界でもたくさんの若手が出てきて活躍しており、新たにゴルフを始めようとする人もどんどん増えつつある。賞金稼ぎのためにお父様方のジュニア特訓も盛んなようだ。


ゴルフを始めるきっかけには、人それぞれにいろいろある。

私は、学生時代ずっと野球をやっていた。中学の県大会では地方紙にも取り上げられ「神田のシュアなバッティングが光っていた」と評論されたこともある。「シュア」といっても当時は意味が分からず英語の先生に聞きに行った。

バットを振ってボールを打つことには自信があり、社会人になってからも、時々職場の好きな連中と集まって練習や試合をやっていた。しかし、野球は1人では何もできない。2人でキャッチボール、9人集まってようやくチームができ、試合をするには相手も9人集めないといけないので総勢18人が必要となる。

野球に代わり1人で手軽にできて、身体のためにもなり、楽しくできるスポーツは何かないものかと思うようになった。剣道とか柔道とかの伝統的個人技の1人スポーツはあるが、このたぐいの種目は強い方が必ず勝つと決まっている。

いまさら初歩から始めても負けてばっかり、相手をいい気分にし、自分が滅入って精神的にも面白くない。1人で走るというのもあるが、これは単純すぎて持久力もない。

やはりいまさらやるのなら多少大人として品格もあった方がいい。品のありそうなスポーツとして思いつくのは乗馬、剣道、弓道などだが、これらは何かピンとこない。あれこれ思いあぐみ探していたが、これだというものがあった。それがゴルフだった。


私がゴルフに思い当たった当時、まだゴルフは世の中からは認知されていなかった。ゴルフはお金がかかり金持ちのするスポーツの代表例だった。しかし、見ていると棒を振り回してボールを穴に入れるだけのスポーツ。野球をやっていたので、棒を振ってボールに当てるぐらいは大丈夫。お金の方は練習の仕方もいろいろあるだろうし、お金のかからない方法だってあるはずだ。別にコースにいつも行かなくてもいいし、周りを見回しても口だけは達者だが、上手だと言えそうな人も少ない。

そんなことからゴルフとの付き合いが始まった。見ているのとやるのでは大違い。そう簡単にはいかなかった。しかし、奥の深いスポーツだということは感じられた。上手くなったなと思っても、まだまだその上がある。やるからには人に負けたくない。

そのうちホームコースも欲しくなり、清水の舞台から飛び降りる覚悟で、大金（私としては）をはたいてゴルフ会員権を買った。それからは意気揚々とメンバーさんとして月例会や理事長杯、クラブ選手権などクラブ競技に参加し腕を磨いていった。

知らない人とプレーするので腕を上げるには一番だった。そのコースも今は会社更生法とかで会員権も紙くず同然となっている。しかし、私のゴルフの修練場としての役割は十分に果たしてもらったと思っているのでもう減価償却済みだ。

NGF エンブレム

NGF の資格認定証

その後、どうせやるなら粋に達するまで徹底してやってやろう、ゴルフも教えられるようになったら楽しいだろうと思い、NGF（日本ゴルフ財団）の指導者養成講座120単位の研修を受講した。そして、筆記試験、球の打ち分け検定、ラウンド実技試験に合格、1991年6月に指導員の資格認定証（登録番号第50062号）をいただいた。これがゴルフインストラクターのできる資格となっている。

サラリーマンの間でよく言われる話だが、ひと昔前まではサラリーマンの必修は、マージャン、カラオケ、お酒だった。しかし、ゴルフがブームになるころから、マージャンは健康にも良くないと言われだし、マージャンに代わってゴルフが台頭し、ゴルフができないとサラリーマンとして出世できないとまで言われだした。現在ではゴルフはサラリーマンには欠かせないものとなってきている（マージャン派もまだまだ健在だが）。

ゴルフのプレーは、サラリーマンの仕事とも多くの共通点がある。「ゴルフが上手な人は、仕事もできる」と言われている。

ゴルフはやればやるだけ奥が深く、球趣もつきないスポーツ、歳をとっても品格を持ってかくしゃくとしてプレーができ、生涯スポーツとしても最高のものである。

ゴルフが上手になるためには、まずゴルフとは何たるかを知らなければいけない。ゴルフを勉強し、ゴルフを知って、ゴルフをすれば誰にでも喜ばれるし、自分も楽しい。いつまでも品格のないゴルフをしていたのでは仲間から嫌われる。どうせするなら品格のあるゴルフ、ほんまものゴルフがいい。

この「ゴルフの品格」を読んでいるのと読んでいないのとでは、ゴルフの楽しみ方が違ってくる。

この本を読んでオリンピック選手になっていただきたいとは言わないが、品格のある楽しいゴルフを期待している。

神田　恵介

この作品は二〇〇九年十月幻冬舎ルネッサンスより刊行されたものです。

〈著者プロフィール〉

**神田恵介**（かんだ・けいすけ）

郵政省に入省しMOF担（大蔵省担当）、国会担当などロビィスト（Lobbyist）的な激務をこなす傍ら、独自のサラリーマンゴルフ哲学を創ってきた。1991年6月にはNGFゴルフインストラクターの認定資格を取得。ゴルフ随想として「知らなきゃソン損ゴルフ教室」を1999年9月から2006年10月まで執筆。2004年から参議院議員政策担当秘書。元稲城市ゴルフ協会会長。

http://www.ohtv.ne.jp/~golf/


ゴルフの品格

月イチプレーヤーでもシングルになれる100の方法

2017年7月25日　第1刷発行

著　者　神田恵介

発行者　見城 徹

発行所　株式会社 幻冬舎

〒151-0051　東京都渋谷区千駄ヶ谷4-9-7

電話　03(5411)6211(編集)

03(5411)6222(営業)

振替　00120-8-767643

本文デザイン　田島照久

装幀　幻冬舎デザイン室

カバー写真　©Masterfile/amanaimages

印刷・製本所　中央精版印刷株式会社

検印廃止





ISBN978-4-344-03150-0　C0095

幻冬舎ホームページアドレス　http://www.gentosha.co.jp/

この本に関するご意見・ご感想をメールでお寄せいただく場合は、comment@gentosha.co.jpまで。